农户生产外包的经济影响研究

以贵州烟叶生产为例

林俊瑛 著

格致出版社　上海人民出版社

推荐序

有幸以林俊瑛博士导师的身份，来介绍这本凝聚了她四年博士研究心血的著作——《农户生产外包的经济影响研究——以贵州烟叶生产为例》。这本书不仅是林俊瑛攻读博士学位期间的学术探索成果，也是她对中国烟叶生产组织领域研究的重要贡献。

本书以贵州烟叶生产为研究对象，探讨了小农户在现代农业发展中面临的挑战与机遇，特别是在生产外包方面的决策机制及其对技术效率和经济收入的影响。这一研究不仅具有理论深度，而且更具有实践价值，对于理解中国农业现代化进程中的微观经济行为具有重要意义。

本书的研究建立在中国农业实行家庭承包经营制度和乡村振兴战略的大背景下，聚焦于小农户如何通过生产外包提高生产效率和增加收入。研究采用规范研究与实证研究相结合的方法，基于威廉姆森的交易成本理论构建分析框架，运用随机前沿生产模型和工具变量法等计量经济学方法,对烟农生产外包的影响进行了系统评估。

本书的研究发现,烟农生产外包是多维因素共同作用的结果,其中包括家庭资产专用性、环境不确定性和交易频率等。外包行为显著提高了烟农的技术效率,并通过优化生产要素配置、提升产品质量等途径,增加了烟农的收入。研究还发现,生产外包为家庭劳动力参与非农就业提供了可能,从而增加了家庭的非农收入。

作为林俊瑛博士的导师,我见证了她学术上的努力与坚持,为她取得的成绩感到高兴。她的研究不仅丰富了农业生产外包领域的研究,特别是在烟叶这一特殊农产品领域的实证研究,而且为理解小农户如何通过服务外包实现与现代农业的有效衔接提供了新的视角。

林俊瑛博士的研究成果不仅对"农业生产组织"领域的相关研究者具有学术参考价值,而且对政府部门制定相关政策、合作社优化服务供给以及烟农做出生产决策均具有一定的实践指导意义。从某种意义上说,这项研究成果可以为推动中国农业现代化和乡村振兴提供理论支持和实践指导。

在此,谨向对"农业生产组织"课题感兴趣的读者推荐这本书。

张忠根　教授
浙江大学中国农村发展研究院

前　言

　　党的二十大提出,要全面推进乡村振兴,巩固和完善农村基本经营制度,发展新型农村集体经济,发展新型农业经营主体和社会化服务,发展农业适度规模经营。小农户在相当长的时期内仍将是中国农业生产经营的主要组织形式。然而,小农户面临信息传递滞后、经营规模有限、议价能力缺失和交易成本高昂等诸多挑战。农业合作社作为农业社会化服务的供给主体之一,可以提供多元化服务。小农户将生产环节全部或部分外包给合作社,可以缓解或消除小农户参与大市场方面的先天缺陷,使小农户提高生产效率、增加市场参与和增加生产性收入。那么,在中国的农业生产中小农户有哪些外包选择?哪些因素决定了小农户的生产外包?生产外包是否真正给小农户带来了福利?这些问题值得进一步探讨。

　　本书以贵州烟叶生产为例,基于农户视角,对生产外包的影响因素及外包对烟农技术效率和收入的影响进行实证分析。首先,从宏观层面分析中国烟叶生产的发展趋势。其次,基于以贵州为代表的烟叶主产区,介绍烟叶发展的现状及烟农合作社的发展情况。然后,根据烟叶生产六大生产环节的属性和特征,对不同的外包方式进行细分研究。最后,基于调研数据进行实证分析。

本书研究的目的在于揭示烟农生产外包的决策机制,评估外包行为对烟农技术效率和经济收入的影响,并探讨不同外包模式下烟农的福利变化。本书采用定量分析与定性描述相结合的方法,基于威廉姆森(Williamson)的交易成本理论构建分析框架,运用随机前沿生产模型和工具变量法等计量经济学方法,对烟农生产外包的影响进行系统评估。

研究发现,烟农生产外包是多维因素共同作用的结果,其中包括家庭资产专用性、环境不确定性和交易频率等。外包行为显著提高了烟农的技术效率,并通过优化生产要素配置、提升产品质量等途径,增加了烟农的种烟收入。此外,本研究还发现,生产外包为家庭劳动力参与非农就业提供了可能,从而增加了家庭的非农收入。

本书聚焦于烟农生产外包的行为及其对生产效率和收入的影响,旨在探索小农户如何通过现代化的服务手段,提升自身的竞争力和市场适应性。本书通过烟叶这一特殊农产品领域的实证研究,为理解小农户如何通过服务外包实现与现代农业的有效衔接提供新的视角,以期为政府部门制定相关政策、合作社优化服务供给以及烟农做出生产决策均提供参考。

展望未来,随着农业现代化进程的不断推进,烟农生产外包的模式和影响可能会呈现新的特点和趋势。本书希望能够为后续的学术研究和政策制定提供坚实的基础,并激发更多关于农业生产方式创新的思考。

目　录

推荐序　　　　　　　　　　　　　　　　　　　　　　　001

前言　　　　　　　　　　　　　　　　　　　　　　　　001

第1章　导论　　　　　　　　　　　　　　　　　　　　001

　　1.1　研究背景　　　　　　　　　　　　　　　　　001

　　1.2　研究意义　　　　　　　　　　　　　　　　　005

　　1.3　研究思路、方法和技术路线　　　　　　　　　006

　　1.4　本书框架　　　　　　　　　　　　　　　　　013

第2章　理论基础与文献综述　　　　　　　　　　　　　015

　　2.1　相关概念界定　　　　　　　　　　　　　　　015

　　2.2　理论基础　　　　　　　　　　　　　　　　　018

　　2.3　农户生产外包的影响因素研究　　　　　　　　023

　　2.4　农户生产外包对技术效率影响的研究　　　　　029

2.5 农户生产外包对收入影响的研究　　　　034

2.6 研究进展评述　　　　040

第3章　中国烟叶生产的发展现状及贵州烟农合作社发展　　　　042

3.1 中国烟叶产业发展趋势　　　　042

3.2 贵州烟叶生产的基本情况　　　　046

3.3 贵州烟农合作社发展情况　　　　052

3.4 本章小结　　　　054

第4章　贵州烟叶生产环节及烟农生产外包的现状　　　　056

4.1 贵州烟叶生产的主要环节　　　　056

4.2 贵州烟叶生产外包环节的分类　　　　059

4.3 贵州烟农生产外包的现状　　　　063

4.4 本章小结　　　　068

第5章　交易成本视角下烟农生产外包影响因素分析　　　　070

5.1 分析框架与研究假说　　　　070

5.2 研究方法　　　　072

5.3 变量的选择与描述性统计　　　　075

5.4 实证结果　　　　080

5.5 本章小结　　　　090

第6章　烟农生产外包对技术效率的影响分析　　　　092

6.1 生产外包对烟农技术效率的影响机制分析　　　　092

6.2 模型构建　　　　093

6.3 变量的描述性统计分析　　　　097

6.4　实证结果　100

6.5　本章小结　108

第7章　烟农生产外包对收入的影响分析　110

7.1　生产外包对烟农收入的影响机制分析　110

7.2　模型构建　113

7.3　变量的描述性统计分析　115

7.4　实证结果分析　118

7.5　机制检验　120

7.6　不同外包方式分析　123

7.7　进一步分析　125

7.8　本章小结　126

第8章　总结与展望　129

8.1　主要结论　129

8.2　政策建议与实践启示　131

8.3　研究展望　134

附录　贵州烟农调查问卷　136

参考文献　149

后记　169

第1章　导论

1.1　研究背景

党的二十大提出要全面推进乡村振兴,巩固和完善农村基本经营制度,发展新型农村集体经济,发展新型农业经营主体和社会化服务,发展农业适度规模经营。据统计,在中国经营耕地 10 亩以下的小农户达 2 亿户,全国小农户数占农业经营户总数的 98.1%。[①]小农户农业从业人员占农业从业人员总数的 90%,小农户的耕地面积占总面积的 70% 以上(韩俊,2018)。小农户在相当长的时期内仍将是中国农业生产经营的主要组织形式(贺雪峰、印子,2015),因此,没有小农的现代化就不可能有中国农业农村现代化。然而,小规模、老龄化、兼业化、缺乏信息渠道的小农户,想要与现代农业有机衔接,就必须发挥新型经营主体的带动作用,健全社会化服务体系。

---

① 数据来源:2016 年 12 月 31 日第三次全国农业普查。

只有通过新型农业经营主体和社会化服务组织为小农户提供市场信息、农产品营销、技术支持等方面的服务,不断提高小农户的生产经营组织化程度,才能带动小农户奔向大市场。

随着经济社会的不断发展以及农业生产的专业化、社会化程度的逐步提高,农业专业化生产性服务得到了相当程度的发展。[①]近年来,在分工深化、技术进步与劳动力短缺、生产成本攀升等因素的作用下,农业生产领域普遍出现了农户选择生产外包的现象,形成农业生产领域服务规模经营的发展思路(罗必良,2014),也是进一步发挥服务业在促进我国农业现代化中作用的具体体现。

目前,农户外包得到快速发展,成为小农户生产经营方式的新选择,是提高农户生产效率、增加收入的管理策略,已成为学术界的共识。根据不同生产环节的特点及对劳动力和技术需求程度,生产外包反映现代社会分工的基本内涵,有利于解决农业生产中劳动力短缺、农户技术水平不高的难题,大大提高小农户的福利,如:降低农业生产成本、提高农户的生产效率(陈训波、武康平、贺炎林,2011);促进专业化分工深化和推进农业规模经营(王志刚、申红芳、廖西元,2011)。

中国是世界上最大的烟叶生产和消费国。尽管烟叶生产在GDP中占比不到1‰,但烟叶种植仍然是烟区小农户的主要收入来源(Hu, et al., 2006)。从区域发展趋势来看,中国的烤烟生产重心由中部、北部逐渐转向西南部发展(邓蒙芝,2015),贵州、云南等地

---

　　①　参见中国城乡发展国际交流会 2024 年 9 月 21 日发布的文章,https://www.zgcsswdx.cn/info/8655.html。

区逐步成为中国烟叶生产的重点区域。2007 年,国家烟草局正式开展烟草农业的战略部署,在云南、贵州等中国烟叶生产的重点区域,以烟农合作社为核心的农业生产服务组织得到了较快发展。据国家烟草局统计,截至 2019 年,全国共组建了 1 305 家烟农专业合作社,其中,育苗、植保、烘烤、分级环节专业化服务比例分别为 92.8%、61.3%、59.3%、92.7%,专业化植保、烘烤推广迅速,比上年分别增加 15.4%、5.1%。2022 年,全国烟农入社率已超过 97%,重点环节专业化服务覆盖率达到 74.4%。这个比例远高于农业的其他领域,因此,中国烟农的组织化程度总体上高于其他领域。

2021 年,国家农业农村部印发的《关于加快发展农业社会化服务的指导意见》提出:以专业化社会化服务引领农业现代化发展。近年来,烟草行业大力推进以烟叶合作社为核心的烟叶育苗、采烤分级专业化服务,这是贯彻落实《关于加快发展农业社会化服务的指导意见》的具体体现,是推进减工降本、促进烟农增收加快现代烟草农业建设的必要手段,对于助推烟叶高质量发展有着极其重要的作用。

中国烟草产业是一个特殊的农业产业,具有上游市场订单和下游专卖管理的特点。政府根据烟农生产的烟叶级别,统一进行定价,因此,烤烟质量对烟农收入至关重要。烤烟的定级决定了烟叶的质量水平,进而影响烟农的种烟收入。近年来,烟叶质量问题得到了研究者的关注,影响烟叶质量的因素包括:磷肥和有机肥的施用量(符云鹏等,1998;李伟、向鹏华、张大伟,2015;唐莉娜、熊德中,2000)、采收方式的差异(黄维等,2009;许晓敬等,2005)、合作社专业化烘烤服务(胡向丹等,2012)、病虫害(马浩东,1986)等。与水稻、小麦相比,烟农的收入除了取决于烟叶产量外,还取决于烟叶质量,甚至烟叶质量对烟农收入的作用要大于烟叶产量;同时,要想保证烟叶质量,在生产中要求更高的技术性,相比于粮农,烟农更需要外部提供专业性的技术服务。

贵州是中国第二大烟叶生产省份。烟叶收入是贵州烟农的主要收入来源之一。在贵州省烟草部门的推动下,烟农合作社在联结小农户、降低烟叶种植成本、提高烟农生产效率、促进烟农增收和推动烟草产业可持续发展等方面发挥了重要作用。截至 2017 年,贵州共组建了 127 家烟农合作社,在育苗、机耕、植保、采收烘烤和分级环节为烟农提供了较大的支持,服务规模分别达到了 192.68 万亩、57.92 万亩、97.39 万亩、232.71 万担和 452.81 万担,形成了"单元总社-片区分社"和"单元合作社-片区服务队"等服务模式。随着合作社服务内容和功能的日趋完善,贵州烟农种烟收入呈现稳步上升的趋势,2012 年至 2019 年,户均种烟收入从 3.7 万元增加至 10 万元,增幅达 6.3 万元,年增幅达 24.32%。2019 年,贵州重点环节专业化服务、机械化作业,重点环节专业化服务覆盖率平均达 84%,机械化作业率 65.7%。①服务型烟农合作社的发展,为技术水平较低、劳动力缺乏的小农户提供了购买生产性服务的可能,也为贵州烟农生产外包提供了可能。

贵州烟农生产外包指的是在同一个地区、同一个产业中,烟农将全部或部分生产环节交由外部更有效率的服务提供者来完成的现象。这种现象促使人们思考其背后的产生原因及其给烟农带来的经济影响:(1)哪些因素决定烟农选择外包或者不外包,不同烟叶

---

① 数据来源:国家烟草局网站。

生产环节的外包选择是否存在差异? (2)烟农外包对其生产效率有什么样的影响? (3)烟农生产外包对其收入有什么影响? 生产外包能否通过提高烟叶质量进而提高烟农的种烟收入? 本书试图对这些问题作出科学回答。

1.2 研究意义

1.2.1 现实意义

首先,烟叶生产具有许多环节,这些环节对劳动力的需求和技术要求不同。本书根据烟叶生产各环节的特征,对不同环节进行定义和细分,基于调查数据分析贵州烟农的生产外包情况,有助于正确认识烟叶生产的基本特点,认清烟农的生产外包需求以及影响烟农选择外包的因素,从而为外包服务的提供者实施更有针对性的外包服务提供指导,既满足烟农对外包服务的需求,也有利于外包服务的提供者自身的发展。

其次,小农户与农业现代化的有效衔接是中国农业现代化中重要问题。通过生产外包实现服务规模经营也许是实现烟叶生产规模经营和现代化的有效途径。本书分析生产外包对烟叶生产效率和烟农收入的影响,可以有效地指导烟农合理地选择生产中的外包环节,以克服烟农自身的局限,充分利用分工和专业化来提升生产效率和增加收入。

再次,政府部门在推动烟叶生产发展、促进烟农增收方面发挥着重要作用。本书分析贵州烟农外包的现状及影响因素,有助于政府部门在制定过程中充分考虑农户的外包需求,认清小农民面临的困境,完善社会化服务体系,为小农户融入现代农业提供政策支持。

最后,在非农就业和种烟劳动力短缺的背景下,"谁来种烟"的问题严重制约中国烟叶生产的可持续发展。本书分析了烟农生产外包,这一途径可以解决种烟劳动力不足、技术水平低下的问题,从而提高烟农的收入和生产效率,对稳定烟农队伍、保障烟农种烟收益和促进中国烟草产业可持续发展有重要的现实意义。

1.2.2　理论意义

首先,本书基于威廉姆森(Williamson)的交易成本分析框架,分析不同因素影响烟农生产外包的选择,将交易成本理论应用于农户生产决策领域。

其次,本书聚焦烟叶生产和烟农,系统分析了烟叶生产中烟农生产外包的选择及对生产效率和收入的影响,拓展了外包在农业生产领域的相关研究。

最后,本书从农户视角分析烟农合作社的服务供给对农户生产效率和收入的影响,丰富了产业组织理论中合作社服务功能的相关研究。

1.3　研究思路、方法和技术路线

1.3.1　研究思路

本书的研究思路如下:提出研究问题;回顾与总结相关文献,为本书提供理论和方法借鉴;构建整体研究逻辑框架,从外包选择、生产效率、烟农收入三个方面提出研究假设并进行实证研究；根据研究结论提出相关建议。

本书的逻辑结构如下：首先，分析中国烟叶生产的发展现状及贵州烟农合作社的发展情况，厘清烟叶生产环节，分析和比较不同生产环节的烟农外包选择，探讨贵州烟农生产外包的现状；其次，基于交易成本分析框架，分析哪些因素决定了烟农选择外包或者不选择外包，哪些因素决定了不同的外包方式，揭示烟叶生产中烟农外包的现象；再次，实证研究贵州烟农生产外包是否真正提高了其技术效率，不同的外包方式对烟农的技术效率产生影响是否存在差别；然后，实证研究烟农生产外包是否能够提高烟农收入，对烟农的种烟收入和非农收入分别有什么影响。最后，基于上述研究内容概括研究结论，对可能存在的问题做进一步讨论，并展望今后的研究方向。

本书的主要研究内容如下：

内容 1：基于威廉姆森的交易成本理论，从交易频率、资产专用性和环境不确定性三个维度，建立分析烟农生产外包的基本框架。基于贵州烟农调研数据，分析影响烟农生产外包的影响因素，并考察不同生产环节生产外包的差异性。

内容 2：基于贵州烟农调研数据，采用随机前沿生产模型，比较烟农的技术效率水平；估计不同投入要素的产出弹性；分析生产外包对烟农技术效率的影响；在进行生产外包对技术效率影响分析时，采用工具变量法解决农户生产外包与技术效率之间可能存在的内生性问题，提高模型估计的准确性。

内容 3：基于贵州烟农调研数据，估计烟农生产外包对收入的影响;分析不同外包方式对烟农增收的差异性,并采用匹配法,检验生产外包对收入的影响机制。

1.3.2　研究方法

遵循"问题导向"的原则,本书根据研究的问题和内容,综合运用文献资料法和计量分析法等研究方法。

1. 文献资料法

文献检索和深入学习是了解相关国内外研究现状的重要方法。一方面,搜集农业生产外包的相关影响因素、生产外包对农户生产效率和收入影响研究的相关文献,归纳现有文献脉络,总结现有文献不足,为本书研究提供借鉴和切入点。另一方面,搜集烟叶生产的相关统计数据,包括历年全国农产品统计资料汇编、中国烟草年鉴、中国农业统计资料等,对产业发展的现状进行全面的梳理。

2. 计量分析法

在分析影响烟农选择生产外包的因素部分,笔者选择有序 Probit (Ordered Probit)模型和 Probit 模型进行分析,考虑到个别自变量(主要是农场规模等)与烟农外包之间可能存在互为因果等内生性问题,因此本书采用工具变量法解决模型中可能存在的内生性问题。

在考察外包对烟农技术效率的影响部分,本书采用随机前沿生产模型。生产外包可以有效地改变要素投入的合理配置(郑文琦,2008)。在随机前沿模型中,技术效率的估计不仅可以以劳动、资本、土地的投入为对象,也可以估计生产外包对烟农技术效率的影响。此外,本书还探讨了不同外包方式对农户技术效率影响的差异。

在分析烟农生产外包与烟农的技术效率、收入之间可能存在互为因果的内生性问题时,本书采用工具变量法。模型中的内生性问题主要有三方面:第一,测量误差问题,即在回归模型中,不能直接或准确观察到的自变量引起的误差。与传统估计方法相比,测量误差问题会带来估计结果的偏误。因此,传统估计方法并不是最合适的估计方法。第二,反向因果问题,即收入较高或生产效率较高的烟农可能更倾向于选择生产外包。第三,遗漏变量问题,即本应是解释变量,但并没有放入模型中,从而造成回归结果的偏误。本书在分析生产外包对技术效率和收入的影响时,采用工具变量法,从而提高模型估计的准确性。

在检验生产外包对烟农收入的影响机制(烘烤环节的外包对烟叶质量)部分,本书采用匹配法研究生产外包对烟叶质量的影响效应。考虑到烟农生产外包可能是一种"自选择"行为,本书采用扩展的倾向得分匹配法(PSM)和基因匹配法(genetic matching)实证检验选择生产外包的烟农相比于匹配成对的未选择生产外包的烟农是否显著提高了烟叶质量。为确保实证结果的稳健性,本书使用近邻匹配和基因匹配两种匹配方法,然后选择自助法(Bootstrap),估计平均干预效果(ATT)值的显著性水平,实证检验烟农外包对种烟收入的影响机制。

1.3.3　数据来源与样本情况

1. 数据来源

本书所使用的宏观数据包括:(1)贵州省各县(市)社会经济数据、农业数据,主要来自《贵州统计年鉴》《烟草统计年鉴》等。(2)烟叶生产成本数据来自《全国农产品成本收益资料汇编》。(3)各省种烟面积来自《改革开放三十年农业统计资料汇编》和《中国农业统计资料》。(4)县级数据主要来自贵州省烟草专卖局、地方烟站的相关部门的年度统计汇总数据。

微观数据主要包含两阶段调研:第一阶段为烟农问卷调研。2014年2—3月,浙江大学中国农村发展研究院联合贵州省烟草公司烟叶处对贵州省安顺、毕节、贵阳、六盘水、遵义、黔东南、铜仁、黔西南、黔南9市及所属地区的签订烤烟种植合同的烟农进行了调研,并选择分层抽样法进行抽样。具体为,每个城市选择3—4个县(总共24个县,参见图1.1),从每个选定的县中随机选择2—3个村庄,在每个村庄中随机抽取20名烟农并要求填写调查问卷。在剔除无效问卷后,本次调查共回收有效问卷449份。该数据为本书第5章至第7章的实证研究的数据来源。

第二阶段为样本地区烟农补充调研。2018年4—5月,笔者选

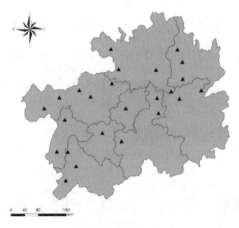

图1.1 调研选取的贵州省24个县分布图

取安顺、毕节和遵义三个地区进行跟踪调研,进一步了解烟农合作
社发展情况及烟农在各生产环节的外包状况,以确认并补充调研内
容。主要与省烟草局负责人、地方烟站负责人和合作社管理者等人
员进行了访谈。

2. 样本情况

表 1.1 展示了受访烟农的基本情况及收入情况。受访烟农的平
均年龄约为 44 岁,93.8% 的受访烟农为男性,平均受教育程度为小
学或初中,家庭平均拥有 2—3 个种烟劳动力,2014 年平均种烟面积
约为 33 亩,家庭亩均种烟收入约为 2 519 元。烟叶生产主要有育
苗、机耕、植保、采收、烘烤和分级六个环节。由表 1.2 可以看出,
67.48% 的烟农选择外包。从单个环节看,在育苗、机耕、植保、采收、
烘烤和分级环节烟农外包的比重分别为 61.47%、53.90%、35.63%、

表 1.1　贵州省受访烟农主要指标

地区	样本量	年龄 (单位: 周岁)	性别 (男=1, 女=0)	受教育程度 (无=1,小学=2,初 中=3,高中或中专= 4,大专及本科=5)	家庭 劳动力 数量	2014 年 种烟面积 (单位:亩)	2014 年 亩均种烟 收入 (单位:元)
贵州	449	43.989	0.938	2.731	2.588	33.297	2 518.813

资料来源:笔者计算。

表 1.2　贵州省受访烟农生产外包基本情况

地区	样本量	总体外 包比重	育苗环 节外包 比重	机耕环 节外包 比重	植保环 节外包 比重	采收环 节外包 比重	烘烤环 节外包 比重	分级环 节外包 比重
贵州	499	67.48%	61.47%	53.90%	35.63%	16.04%	42.32%	58.35%

资料来源:笔者计算。

16.04％、42.32％和58.35％。在第4章中,笔者进一步分析了贵州各地区烟农外包的情况。

1.3.4　技术路线

基于研究思路和研究方法,本书的技术路线如图1.2所示。

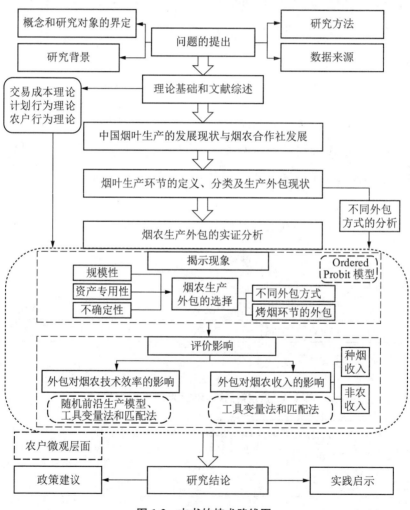

图1.2　本书的技术路线图

1.4　本书框架

本书由 8 章组成,每个章节的内容安排如下:

第 1 章,导论。主要分析研究背景,提出研究问题和研究内容,介绍研究方法和技术路线,全书结构安排,并指出本书的创新点。

第 2 章,理论基础与文献综述。主要对农户生产外包的相关概念进行界定,分析与本书相关的基本理论,包括交易成本理论、计划行为理论和农户行为理论等,然后分别对国内外关于生产外包的影响因素及对农户生产效率和收入的影响的相关文献进行综述,并对现有文献进行研究进展评述。

第 3 章,中国烟叶生产的发展现状及贵州烟农合作社发展分析。主要根据中国农业统计资料、农产品成本收益汇编等统计资料,分析不同烟区烟叶生产的发展趋势,从种植规模、烟农数量、烟农收入等方面,分析贵州烟叶生产的发展现状。同时对贵州烟农合作社的发展及各生产环节为烟农提供生产性服务情况进行总体描述。

第 4 章,贵州烟叶生产环节及烟农生产外包的现状。主要对贵州烟叶生产的环节分析,并对烟叶生产各环节外包进行分类,包括劳动力密集型生产环节外包、技术密集环节外包、全环节外包、部分环节外包、烘烤环节的"包工包料"和"包工不包料"。同时结合问卷调研数据,对贵州烟农的生产外包情况进行统计描述。

第 5 章,烟农生产外包的影响因素分析。主要基于威廉姆森的交易成本理论,从交易频率、不确定性和专用性三个视角构建影响烟农生产外包影响因素分析框架。同时基于贵州烟农的调研数据，采用有序 Probit、二元 Probit 和泊松回归等计量模型，实证分析影响农户生产外包的因素，并进一步做稳健性检验，考察不同的因素对于不同类型的生产外包的影响。

第 6 章，烟农生产外包对技术效率的影响分析。首先，基于贵州烟农调研数据，利用随机前沿生产模型考察烟农生产外包对生产效率的影响，采用一步估计法以提高估计的准确性。考虑到分析模型可能存在内生性问题，进一步采用工具变量法，先构建外包决定方程，随后将烟农生产外包的估计值纳入随机前沿生产模型中，更加准确地估计外包对技术效率的影响。其次，分别估计劳动力密集型生产环节生产外包、技术密集环节生产外包、全环节生产外包及部分环节生产外包对烟农技术效率的影响。最后，结合随机前沿分析的相关分析方法，将匹配法和随机前沿生产模型相结合，检验相关结果的稳健性。

第 7 章，烟农生产外包对收入的影响分析。首先，分析烟农生产外包对种烟收入的影响。其次，对生产外包通过提高烘烤环节的烟叶质量，从而提高烟农收入的影响机制进行检验。然后基于本书第 4 章外包方式的分类，进一步分析不同外包方式对种烟收入的影响。最后，分析烟农外包对非农收入的影响，验证外包对家庭非农就业的影响。

第 8 章，总结与展望。提出本书的主要结论，阐释对政府、合作社及农户实践的启示，并总结本书存在的不足及未来研究的方向和趋势。

第 2 章　理论基础与文献综述

2.1　相关概念界定

2.1.1　外包

　　Prahalad 和 Hamel(1990)在《哈佛商业评论》上发表的《企业核心竞争力》中,首次提出外包的概念,将外包定义为制造和其他增值活动中依赖外部资源,即将企业中非核心业务交给外部公司,将企业的核心资源和优势集中在核心业务上,实现企业资源的整合,提高企业的核心竞争力。Besanko 和 David(1996)认为外包是将企业内部功能进行转换,交给外部组织完成的行为。Mcmillan、Whalley 和 Zhu(1989)将外包定义为一种基于比较优势的管理策略,将企业非核心任务交给更高效的外部机构。

　　现有文献通常对外包的定义是,使用外部资源来实现企业内部功能转换或过程。在笔者看来,外包的定义可以从两个角度考虑:

流程和生产。从流程的角度来看,正如 Barthélemy(2003)所定义的那样,外包可以被视为将组织活动或流程的全部或部分转交给外部供应商完成的过程。从生产角度来看,Ellram 和 Billington(2001)将外包定义为将内部执行的商品或服务的生产转移给专业高效的外部机构。尽管关于外包的定义不一致,但外包对于企业的发展和维持竞争优势非常重要(Foss and Pedersen,2002;Grant,1996;Sang and Bae,2014)。

2.1.2　服务外包

服务外包是外包概念的延伸和发展。Ellram 和 Billington(2001)认为,服务外包是将服务交给外部机构完成的过程。他们提出,服务外包不仅包括服务,还包含企业的社会责任和不断改进的措施。毕博咨询公司(BearingPoint)认为,服务外包是企业采用信息技术将部分内部任务交给具有专业能力和技术机构来完成的过程,是提高企业核心竞争力、应对市场变革和提高企业绩效的重要管理手段。

2.1.3　生产性服务外包

二战后生产性服务业得到快速发展。Greenfield(1966)认为,生产性服务的服务是为生产者提供产品或服务,而消费者不是服务对象。具体来说,生产性服务涉及物流、保险、商务、农业、金融等多个领域,提供的内容包括实物商品、信息处理等(Marshall,Damesick and Wood,1987)。生产性服务外包作为重要的外包类型之一,是指将企业的部分或全部非核心业务委托给其他生产(服务)部门或其他企业来实现或完成。生产性服务外包不仅是生产性服务业全球发展的重要体现,也是促进生产性服务业不断发展的关键因素之一。此外,由于小企业的资源和能力有限,外包对小企业很重要(Laios and Moschuris,1999)。

2.1.4　农户生产外包

Vernimmen、Verbeke 和 van Huylenbroeck(2000)认为,农户生产外包是指农户将农业生产过程中的管理事务(administrative tasks)交给外部其他组织或个人来完成。Picazo-Tadeo 和 Reig-Martínez(2006)认为农户生产外包是农户实现更高生产效率的管理策略。国内学者对农户生产外包的研究主要以水稻生产为主。陈超、李寅秋和廖西元(2012)对水稻种植户的生产外包的定义为,在产前、产中和产后各环节,通过购买生产性服务,将农业生产交给优势的外部劳动力完成的过程。

本书对农户生产外包的内涵界定如下:第一,农户生产外包是在农业生产中,农户将单个或多个生产环节转由外部有效率的服务提供者来执行的过程。第二,农户生产外包是农户将农业生产中可分离的环节交给他人独立完成的行为。第三,农户生产外包是一种农户有偿购买服务的活动,既不包括农户购买或租赁农业机械的行为,也不包括雇佣其他劳动力的行为。第四,农户生产外包指农业生产过程中农户个体的决策活动,不包括政府将部分涉农事务外包给私人组织的活动。为简化表述,本书后续将使用"农户生产外包"

或"农户外包"。

在贵州,烟农合作社是生产性服务的主要供给主体。因此,本书涉及的贵州烟农生产外包是指烟农将烟叶生产中的育苗、机耕、植保、采收、烘烤和分级等环节全部或部分交给烟农合作社来完成的行为。为简化,本书后续将使用"烟农外包"或"烟农生产外包"。

2.2 理论基础

2.2.1 交易成本理论

1937 年,在《企业的性质》一书中,科斯引入交易成本的概念(Coase,1937)。企业选择自己生产还是外包受到管理成本和交易成本的影响。当管理成本大于交易成本时,企业选择外包;当交易成本大于管理成本时,企业更倾向自己生产。威廉姆森(Williamson,1979)进一步对交易成本进行分类,包括搜寻成本、议价成本、信息成本、监督成本、决策成本和违约成本六类。根据交易活动的内容,Dahlman(1979)将交易成本分为搜寻成本、契约成本、协商决策成本、监督成本和转换成本五类。

交易成本包括资产专用性、不确定性和交易频率三个维度。当行为人相互信任时,有限理性并不会导致交易成本的增加。但是行为人出现欺骗、误导等机会主义行为时,可能会带来较高的交易成本。由于不同的交易可能存在不同的特征和差别,因此交易成本具有不同的维度。第一,资产专用性是最重要的维度(Williamson,1991),指资产的特定用途或特定交易对象的专用性程度

(Williamson，1996)，包括物资资产专用性、地理资产专用性和人力资产专用性三方面内容。在农业生产领域，资产专用性越强，对专用性资产的依赖程度越强，则更加抑制农户的外包选择。第二，不确定性是由交易对象或交易行为或难以直接观察到的因素造成的。信息不对称或信息缺乏是造成不确定性的重要原因(Dixit，1998；Williamson，1975)。不确定性包括市场风险、自然风险和信息可获得性三方面具体内容。在农业生产中，当农户面临的不确定性越高，农户生产风险随之增加，农户需投入更多的时间和精力，以面对不确定性带来的损失和风险。第三，交易频率指交易重复发生的次数。交易频率越高，平均交易成本越低。其中，交易的持续时间也是重要内容之一(Alexander，2001；Buitelaar，2007)，因此交易频率和持续时间共同代表交易的时间属性。

　　交易成本理论为本书分析农户生产外包的选择提供了理论指导。农户生产外包是指在全部或部分生产各环节购买农业服务的决定，属于交易的范畴。基于威廉姆森的交易成本理论，农户在选择生产环节外包时，需要考虑各个环节的交易成本，并考虑资产专用性的要素、经营规模与风险的可控性，从而决定是否选择全部环节外包或者部分环节外包。假设农户自己生产与外部生产的效率相同，农户会在理性分析自己生产与外包之间管理成本及交易成本之和的大小后作出决策。如果管理成本大于交易成本，农户就选择外包，反之，则选择自己生产。因此，农户生产外包是基于农户对各环节生产性服务的需求和管理能力选择不同的外包方式，以实现效用最大化。

2.2.2 农户行为理论

农户行为理论主要有三种派系,包括以美国经济学家舒尔茨(Schultz)和波普金(Popkin)为代表的形式经济学派,以苏联经济学家恰亚诺夫(Chayanov)为代表的实体经济学派,以及以美国历史社会学家黄宗智为代表的历史学派。

形式经济学派认为,在传统农业时期,农户是完全理性的。舒尔茨(Schultz,1964)在《改造传统农业》一书中提出小农是贫穷而有效率的。农户的生产要素配置,符合帕累托最优的原则。传统小农可以根据市场变化快速作出反应,通过自身努力,实现要素配置的最优组合。基于舒尔茨观点,波普金(Popkin,1979)强调农户存在理性的动机,并存在"进取精神",通过资源和要素的合理配置,实现利润最大化。因此,如果现有的价格水平上的要素投入能够保证获得利润,农户也会进行一些风险投资,成为利润最大化的追求者。而 Roumasset(1976)提出,农民是风险规避的,在特定条件下选择风险最小化,而不是利润最大化。西蒙(Simon,1988)提出,由于受到信息不对称、知识不完备影响,个体无法找到所有方案,因此农户难以预见未来,并根据自身需求,评价和比较可获得的方案,主观选择最满意的方案。

实体经济学派产生于 20 世纪 20 年代末,主要代表人物为经济学家恰亚诺夫。在《农民经济组织》一书中,恰亚诺夫(1996)从农业经济结构和家庭农场生产组织的视角,首先以生命周期理论为基础,提出农民的家庭结构决定家庭的经济活动量,不同规模和家庭构成的家庭经济活动量存在一定的差别；然后以劳动消费均衡理论为基础，提出家庭消费需求对劳动者的负担和生产率水平决定了劳动量水平。消费可以满足农户家庭的需要，给农户带来愉悦，即"收入正效用"。而农户在生产中每增加一单位投入，需增加对应的劳动量，这对农户来说是一种压力，即"劳动负效用"。收入正效用随着农户收入的增加而递减，劳动负效用随着农户收入增加对递增，两者趋向于均衡点。恰亚诺夫基于苏联进行集体化的农民进行调查，发现小农户是一种自给自足的自然经济，以满足家庭消费为主要目标，力图降低农业生产风险，利润最大化并不是小农户生产的主要目的。

黄宗智教授在 1985 年出版的《华北的小农经济与社会变迁》一书中，结合他对 20 世纪 30—70 年代中国华北小农户社会调查，提出中国小农户既不是利润最大化的追求者，也不是完全以家庭消费为生产目标。因此，中国小农户的生产决策，不仅与家庭消费需求相关，也会根据市场价格、供求和生产成本，追求利润最大化。

尽管形式经济学派和实体经济学派在观点上存在差异，但是都认为小农户是理性的。前者提出，小农户是以利润最大化为目标，在可选择的方案中做出的最优决策。后者反映小农户的生存理性，并在收入正效用和劳动负效用中寻找平衡点，以满足家庭消费目标，解决"如何活下去"问题。黄宗智教授则认为，小农户的生产决策是家庭消费决策和利润最大化的相结合。根据农民行为理论，农户是理性的。农户将以"利润最大化"为目标进行组织和生产。农户选择外包或者不外包，首先考虑该项生产决策给农户带来的经济回报。当预期生产外包的收益高于自己生产时,农户更倾向选择外包;而当自己生产的收益高于生产外包带来的预期收益时,农户更愿意选择不外包。

2.2.3　计划行为理论

计划行为理论源于 1963 年美国学者菲什宾(Fishbein)提出的多属性态度理论,该理论分析了态度与行为之间的关系。在该理论基础上,Fishbein 和 Ajzen(1975)提出理性行为理论(theory of reasoned action,TRA)。Ajzen(1985)进一步提出计划行为理论(theory of planned behavior,TPB),并加入知觉行为控制(perceived behavior control)变量。该理论认为行为受到行为意向的直接影响,行为态度、主观规范和知觉行为控制共同影响行为意向(Ajzen,2002)。行为态度是影响农户行为的首要因素(王震、刘伟平、翁凝,2015)。具体来说,行为态度是指农户对某项决定或行为积极或消极的自我评估,也称行为信念。主观规范也会影响农户行为。主观规范是指农户在采取某个行为时感知到的社会压力,比如周围人的选择、家人或邻居的意见等。知觉行为控制是指农户对某一行为的困难程度的感知。

计划行为理论为分析农户生产外包的选择的提供了理论指导。农户是否选择外包,不仅受到土地规模、劳动力数量等家庭因素影响,还受到个人主观因素、外部环境的影响。基于该理论,本书从行为态度、主管规范和知觉行为控制三个方面,分析农户的行为态度、外在环境因素和个体的困难感知程度等对农户生产外包的影响。

例如,农户对合作社的信任程度会影响农户购买合作社、选择生产外包的可能性;农户个体的决定会受到周围人的影响,当周围的农户更倾向于选择外包时,会影响个体农户外包的选择;农户对购买灾害保险的困难程度的感知会影响农户生产的不确定性和风险,进而农户更倾向于选择生产外包以降低生产风险。计划行为理论提高了主观因素对农户外包选择的解释力(Myers,2005)。不同特征的外在要素和生产环节也会对农户的行为态度、主管规范和知觉行为控制产生影响,因此,不同外包方式可能会存在差别。

2.3　农户生产外包的影响因素研究

2.3.1　交易成本视角农户生产外包的研究

基于交易成本理论,已有研究着重于工业生产外包的相关研究(Alexander and Young,1996b;Aubert,Rivard and Patry,1996)。在交易成本框架下,理性农户的外包选择主要聚焦于购买生产性服务产生的交易成本:在外包收益既定假设下,当交易成本高于管理成本时,农户选择自己完成农业生产;当交易成本低于管理成本时,农户选择购买外部服务,将供给主体选择外包(曹峥林等,2017;罗必良,2014;李尚蒲等,2017)。

本书第2.2.1节已经提出了不同的交易方式之间存在差别。农户在市场中向其他服务主体购买服务时,不可避免地会产生额外的"交易成本"。根据交易成本理论,交易属性可分为交易频率、资产专用性和不确定性三个维度。现有文献表明,交易成本的不同维度对农户生产外包有一定的影响(Gustavo and Decio,2017;Vernim-men,et al.,2000)。

首先,交易频率对农户生产外包的产生一定影响。农户的经营规模越大,其购买服务的频率越高。钱静斐等(2017)发现,农户的生产规模越大,生产的各个环节对于外包的需求更强,越倾向于生产环节外包,且外包的频率高于小规模的农户面积相对集中连片的土地,机械化程度更高,更适用于生产服务外包。邓蒙芝、李富欣(2016)对河南种烟农户的研究发现,烟叶种植规模明显促进了烟叶生产环节专业化服务的实现。

其次,资产专用性也会影响农户生产外包的选择,主要包括三个方面:物资资产专用性、地理资产专用性和人力资产专用性。资产专用性会显著影响农户的外包选择。比如,农户前期生产投入的农机设备会促进农户服务自给,抑制农户选择生产外包。邓蒙芝、李富欣(2016)基于河南省烟农的研究发现,烟农家庭拥有的农机设备、烤房等专用性资产占用降低了农户在机耕、烘烤和分级等环节的外包意愿。王志刚等(2011)基于水稻种植户的研究,发现家庭拥有农机价值对农户的生产外包存在显著的负向影响。

最后,不确定性显著影响烟农生产外包。不确定性包括自然风险、市场风险和信息的可获得性三个方面。Fernándezolmos,Rosellmartínez 和 Espitiaescuer(2009)对葡萄酒农场主的研究发现,环境的不确定性显著影响农场主外包的选择。市场的不确定性也会影响农户外包的选择。曹峥林、姜松和王钊(2017)的研究表明,政府补贴政策(环境作业补贴、农机具购置补贴等)和经济发展程度显著且正向影响农户外包。申红芳(2014)总结了中国水稻生产环节中政府干预措施,包括政府补贴(农机具购置和环节作业)、政策性保险、信息服务及技术推广等,并从增加供给、控制外包价格、降低交易成本和增强风险抵抗能力等方面,评估政府干预在水稻生产环节外包中的角色。张杰、周玉玺和张玲(2014)对 375 户肉鸡养殖户的调查发现,市场风险是影响农户生产决策的重要因素。信息的可获得性可由市场距离来表达。Ji 等(2017)对水稻种植户的研究表明,家庭离镇中心距离越近,获取信息的渠道和机会越多,对农业生产的依附性越低,其生产外包的可能性越大。孙顶强等(2019)以稻农为例,研究发现农户的风险偏好显著影响外包服务的支出,且对施肥、植保和收割环节的外包需求有显著影响。

2.3.2 其他因素对农户生产外包影响研究

户主特征(如年龄、性别和受教育程度)及家庭特征(如家庭劳动力数量、土地面积等)也是影响农户外包选择的重要因素(吕耀福,2013)。生产性服务的价格也是影响农户外包选择的因素之一。申红芳等(2015)基于需求价格理论的一般框架,将外包服务的价格纳入影响农户外包的因素,并发现家庭劳动力要素、村庄专业化服务社队、稻农生产性补贴政策和农技员的技术指导对农户外包有显著影响。

部分学者认为,服务需求、农户的技术水平、是否获得技术指导也是影响农户选择生产外包的因素。基于江苏省水稻种植户的数据,徐飞宇(2013)研究发现,88.79%的农户对农业技术有一定的需求,且农业技术需求显著影响劳动力密集环节的外包选择。张燕媛、张忠军(2016)对江苏、江西两省农户的实证研究发现,家庭收入水平、土地细碎化程度及农技员的技术指导影响农户的外包意愿和外包选择。李寅秋(2012)研究发现,"是否拥有一门手艺"和"是否有邻居"对外包有显著影响,且不同因素对示范户与非示范户的外包选择存在差异。此外,基于浙江省水稻生产者研究表明,政府补贴可以有效的促进农户选择生产外包(Ji, et al., 2017)。王志刚等(2011)的研究还发现,有无合作社对于农户外包有显著正向的影响。基于对津巴布韦的林业公司调查,Jimu(2012)认为可持续的分包经营,承包商生产力和机器可用性是外包的评价指标。

环节的差异性和不同外包方式对农户生产外包产生一定的影响。基于交易费用理论,陈思羽、李尚蒲(2014)实证研究发现,不同环节的生产外包均受到地理资产专用性、人力资产专用性和不确定性因素的影响,且经营规模和人力资本的专用性显著影响农户在劳动密集型环节外包选择。邓蒙芝、李富欣(2016)基于河南省烟叶产区 450 户烟农调研数据表明,烟农更倾向于在耕地起垄、育苗等环节选择外包,而烟叶烘烤环节和分级环节的不确定性较高,抑制了烟农的外包选择。王建英等(2018)基于江西省水稻种植户的调查数据,研究发现不同环节的农户外包程度有一定差别。李寅秋(2012)对水稻种植户的研究表明,农户在不同生产环节对生产性服务的需求存在差别,且不同服务主体的供给效率也不同,因此不同生产环节对农户外包的选择有较大的差异。

国内外学者还从不同视角分析影响外包的因素。Gianessi 和

Reigner(2005)的研究发现,劳动力成本是国际外包服务的重要推动力。他们认为,美国较高的工资将促进有机农业外包,这需要向其他国家提供更多的劳动力并降低生产成本。通过对新鲜蔬菜零售业的调查,Rajkumar(2010)指出"食品里程"较高的蔬菜零售商更倾向于在生产过程中选择外包。蔡荣、蔡书凯(2014)认为非农就业也是影响外包的重要因素,包括非农就业时间、家庭外包务工人数等。

2.3.3　农户生产外包影响因素的相关方法

由于生产环节外包大多归于"是否外包"的选择上,Logic 回归模型、Tobit 回归模型或 Probit 回归模型是国内外学者普遍选择的计量方法。在分析美国西部地区的牧场主外包影响因素时,Kruseman 和 Bade(1998)采用 Tobit 回归模型,结果表明牛奶收入占比、经营规模、非农就业时间显著影响牧场主在牧草种植环节外包的选择。Fernándezolmos 等(2009)选择 Logic 回归模型,基于交易成本理论,认为不确定性、环节特点、外包产品或服务的差异性和多样性会影响农户外包。大多数国内学者分析不同因素对于农户"是否外包"的影响。李寅秋(2012)采用二元 Logic 回归模型,实证分析水稻种植户的外包选择,结果表明稻农的家庭劳动力结构、收入结构和是否有务工技能显著影响稻农选择生产外包。蔡荣、蔡书凯(2014)基于安徽省水稻种植户的调查,采用 Tobit 模型和二项 Probit 模型,考察外部环境要素、稻田特征及农户特征等因素对稻农外包的影响。

此外,Kruseman 和 Bade(1998)采用局部均衡模型,将区域经济发展、土地利用政策、土地利用投入行为与农户种植行为和技术选择有机结合起来,模拟了农户在作物种植和技术选择决策时土地、劳动力和资本的投入组合,将外包的思想用于农业规模化经营的研究之中。

除定量研究之外,也有部分学者采用案例研究的方法。曹峥林等(2017)利用微观调研数据,从交易成本(资产专用性、风险性和交易频率)和农户行为能力的角度考察对农户外包的影响,结合多案例研究方法——定性比较分析法(qualitative comparative analysis,QCA)考察影响农户外包的条件因素及其组合效应。结果表明,地理和物资资产专用性、经营风险和市场风险明显反向抑制农户环节外包,而除自然风险外的其余变量则有正向促进作用。Igata、Hendriksen 和 Heijman(2008)结合日本和荷兰的农业发展实际,案例对比发现农场规模、劳动力缺乏情况、农场经营多样性、农业机械所有权及农场主的文化程度等因素对外包有影响。

2.3.4　小结

关于农户生产外包的影响因素,国内外学者进行了多方面的探讨。影响农户生产外包的因素包括:户主特征(如年龄、性别、受教育程度等)、家庭特征(如种植面积、农业机械设备数量、家庭劳动力数量等)、土地特征(土地细碎化、土地质量)、地区特征及外部环境(如政府补贴等)。在研究方法上,现有研究注意考察是否外包的影响因素,因此 Logic 回归模型和 Probit 回归模型较为常用。现有研究存在如下缺陷：第一，现有文献多见于水稻生产者生产外包的选择，而对烟农选择外包相关研究较少见。第二，经营规模与农户外包可能存在的互为因果的内生性问题并未得到有效解决。一方面，选择外包生产的农户，可能经营规模更大，即农户外包可能会反向影响经营规模。另一方面，不可观测因素或遗漏变量的问题可能会导致结果的偏误。第三，在实证研究方法上，现有计量分析方法较为简单，多考察影响农户是否选择外包（0—1）的因素。

2.4　农户生产外包对技术效率影响的研究

2.4.1　农户技术效率的相关研究

目前，关于农户生产外包的研究主要集中于分析生产外包的内涵、外延以及影响因素等，而对外包的技术效率的影响相关研究则较少。

现有文献主要考察不同生产环节特征对农户技术效率的影响。陈超、李寅秋和廖西元（2012）分析了稻农在生产环节选择外包对其生产率的影响，实证结果表明，不同环节的生产外包存在差别，总体而言，水稻生产环节的外包可以有效促进水稻种植户技术效率的提升，并随时间的推移而扩大影响。在农业生产领域，申红芳（2014）将水稻生产的五个环节分为技术密集型环节和劳动密集型环节两类，其中，在技术密集环节的生产外包显著影响稻农的技术效率。从单个环节看，植保环节和育苗环节的稻农外包对技术效率的影响显著，但是移栽环节、整地环节和收割环节显著影响稻农的技术效率。

组织承诺或信任对农户的技术效率有一定影响。与私人中介组织相比,合作组织可以有效的提升技术效率。关于哥斯达黎加独立加工者和合作社成本效率的研究发现,通过垂直一体化使合作社比私有组织更有效率(Wollni and Zeller,2007)。关于组织形式对于印度制糖效率的研究表明,合作社成员之间的高度信任可以有效的减少机会主义行为和监督成本,保障生产的稳定(Ferrantino,Ferrier and Linvill,1995)。基于瑞典678个种植农场和596个养殖农场的研究表明,农场之间的合作和机械设备共享可以有效地提升农场效率(Larsén,2010)。

从研究对象上来看,基于农户层面的技术效率评价及影响因素分析多见于稻农(Ji,et al.,2017;Sun,Rickaille and Xu,2018;Tan,2005;陈超、黄宏伟,2012;陈训波等,2011;张忠军、易中懿,2015)、柑橘种植者(Picazo-Tadeo and Reig-Martínez,2006)、棉花种植者(Abedullah,Kouser and Qaim,2015)及咖啡豆生产组织(Gustavo and Decio,2017)等。此外,季柯辛、乔娟(2016)利用对北京市271家养猪户的问卷调查数据,农业技术外包也可以促进生猪良种生产率的提升。

2.4.2 投入与产出要素的选择

估计农户的技术效率首先需要定义农户的产出要素和投入要素。投入要素是影响农户产出的决定因素。在技术效率模型中,不同投入要素决定了农户的技术效率得分(technical efficiency score)。

现有研究对投入要素的选择存在一定的差别。张忠军(2015)利用超越对数生产函数,在分析不同环节的生产外包对于农户技术效率的影响时,选择劳动力投入、机械设备投入、水电灌溉、种子、农药和肥料作为农户的投入要素。陈超、李寅秋和廖西元(2012)将劳动投入和技术投入作为影响技术效率的决定因素,考察要素投入对农户技术效率的影响。Roll(2019)以挪威三文鱼生产为例,不仅将饲料投入、劳动力投入和资本投入作为要素,并且将购买保险的费用纳入投入要素中,结果表明,保险投入显著影响产出,同时降低了劳动投入和资本投入。Abedullah 等(2015)在研究巴基斯坦棉花种植户的环境效率时,将农药投入、化肥投入纳入要素投入,并进一步估计棉花种植户的环境效率。

产出要素主要由总产值、产量等来表达。Ma 等(2018b)采用随机前沿生产模型对苹果种植户的技术效率进行估计时,选择亩均苹果总收入作为产出变量。与产量相比,选择农业种植收入作为结果变量,可以将农户生产中由农产品的质量差别(如大小、形状、颜色、硬度等)考虑在内(Cai,Ma and Su,2016)。

2.4.3　技术效率的相关估计方法

1. 数据包络分析方法

数据包络分析方法(Data Envelopment Analysis,DEA)较多地应用于技术效率的度量与分解(Agarwal,Yadav and Singh,2010;Wadud and White,2000;陈训波、武康平、贺炎林,2011)。基于巴西 1995 年至 1996 年农业普查数据,Helfand 和 Levine(2004)选择

DEA,对巴西中部和西部地区农户技术效率水平进行测量,深入分析农场规模与农户技术效率的关系。

Picazo-Tadeo 和 Reig-Martínez(2006)以西班牙柑橘种植户为例,采用 DEA 方法,分析外包与农户技术效率的关系。Larsén(2010)运用 DEA 方法考察了瑞典农场之间的合作和机械设备共享对于技术效率的影响,结果表明合作农场的效率得分平均而言高于非合作农场。陈训波、武康平、贺炎林(2011)基于上海、广东和北京三地的农户数据,运用 DEA 方法,分析农地流转决策对农户技术效率的影响,深入探究不同类别的农户技术效率水平存在差异的原因。

2. 随机前沿生产模型

随机前沿生产模型(Stochastic Frontier Analysis, SFA)在农业技术效率研究中应用较广泛(Abdulai and Eberlin, 2001;Abedullah, et al., 2015;Binam, et al., 2004;Feng, 2008;Jondrow, et al., 1982;Ma, et al., 2017;Yang, et al., 2015)。近年来,该方法是用来估计农户个体投入和产出的最佳实践关系的计量方法(Fried, et al., 2008;González-Flores, et al., 2014)。Abdulai 和Abdulai(2017)采用 SFA 模型,分析农户的农业保护(conservation agriculture)行为对环境效率的影响。结果表明,与传统农户相比,采取农业保护的农户的环境效率更高。Ma 等(2018b)在分析苹果种植户加入合作社对其技术效率的影响时,选择将 SFA 加入合作社对技术效率的影响,并结合倾向得分匹配法和样本选择修正模型解决可观测和不可观测因素造成的估计偏误。Abdoulaye 和 Sanders

(2013)选择 SFA 分析尼泊尔农户采纳高粱种植技术对农户技术效率的影响。结果表明,与未采纳该项技术的农户相比,采纳新技术的农户可以提高农户的生产效率。孟德锋、张兵(2010)采用 SFA 模型分析农户参与灌溉管理对其技术效率的影响。从参与层面看,操作规则和集体选择规则均显著影响农户的技术效率。基于湖北省固定观察点数据,李谷成、冯中朝和范丽霞(2010)采用 SFA 模型对农户技术效率得分进行估计,进一步选择面板数据双向固定效应模型阐释效率损失的原因。张海鑫、杨钢桥(2012)选择超越对数(translog)随机前沿生产函数,分析影响安徽丘陵地区粮食作物种植农户技术效率损失的决定因素。季柯辛、乔娟(2016)以北京市生猪良种外包为例,从外包程度、外包质量、配套技术服务情况和外包关系连续性等四个方面因素分析技术外包对技术效率的影响。结果表明,生猪良种外包可以有效的通过提升技术效果和投入量实现生产率的提升。这些研究为本书分析烟叶生产外包对农户技术效率的影响具有借鉴意义。

2.4.4　小结

现有文献将随机前沿生产函数或数据包络分析法应用到技术效率的评价较为常见。影响技术效率的因素包括:要素投入(劳动、资本、土地、农资投入等)、受教育程度、市场距离、信用的可获得性、土地流转、土地细碎化、非农就业等,此外,不同区域样本的农户,技术效率也有一定的差异。本书基于将户主特征、家庭特征、市场距离、信用的可获得性、服务价格及生产外包纳入到 SFA 模型中,考察基于不同生产环节农户外包对其技术效率的影响。大多数研究使用 DEA 方法来计算技术效率（Picazo-Tadeo and Reig-Martínez，2006），而很少有研究使用 SFA 函数分析外包对农户技术效率的影响。

现有文献中，考察生产外包对农户技术效率的影响分析较少。已有如陈超、李寅秋和廖西元（2012）将水稻生产环节的外包作为外生变量纳入 SFA 函数中，并将整地、育秧、病虫、收割、技术推广五个生产环节是否外包的哑变量（dummy variables）纳入技术非效率的影响因素中。该研究的不足是：第一，多个生产环节的外包选择变量会造成工具变量选择的困难。第二，生产外包与技术效率可能互为因果的内生性问题并未得到有效的解决。一方面，农户外包与农户家庭特征（如性别、受教育程度、外出务工、年龄等）有关。另一方面，无法判定农户外包与技术效率之间的因果关系。第三，在技术效率的估计模型中，仅将劳动和资本作为技术效率的因素并不全面。在 SFA 模型中，土地投入（Zhang，et al.，2016）和农资投入（Abedullah，et al.，2015）也是影响农户技术效率的重要因素，仅将劳动和资本投入作为估计技术效率的投入因素会造成技术非效率估计的偏误。第四，不同地区的农户特征、政策环境及地理特征存在一定的差别，因此为保证结果的稳健性，需将地区变量纳入 SFA 函数中。

2.5 农户生产外包对收入影响的研究

2.5.1 生产外包对农业收入的影响研究

现有文献关于生产外包对农户家庭的影响研究，主要关注外包对农户技术效率的影响，而对农业收入影响的研究不多见。现有文献认为，外包可以有效扩大生产规模，实现规模效益。农业生产外包的发展，从外部促进了农业生产的规模经营（申红芳，2014）。一方面，以环节为特征的外包服务解决了农业生产的时间与空间的不连续性；另一方面，对主要劳动力外出打工、农田作业依靠妇女和老人的小农户来说，基本上通过租赁农业机械完成机翻、机耕和机播等农业生产工序。Wolf（2003）基于美国西部地区牧场主的调查显示，在饲养环节，牧场主更加倾向选择外包，将小母牛的饲养任务交给周边农户，实现生产规模的增加，提高农业收入和经济效益。生产外包可以通过改变要素投入实现收入的增加（郑文琦，2008）。Gillespie 等（2016）发现，牧草外包对奶牛场的利润产生影响，农场盈利驱动主要因素是效率的提高。现有研究还表明，农业合作社作为生产性服务供给主体，为提供农户专业化服务，在提高农民收入发挥了积极作用（Abebaw and Haile，2013；Hoken and Su，2018；Ito，Bao and Su，2012；Mojo，Fischer and Degefa，2017；Verhofstadt and Maertens，2014；Wollni and Zeller，2007）。农户加入合作社，从合作社购买专业化生产性服务，提高了农业收入（Hoken and Su，2018；李红，2018）。Wossen 等（2017）基于尼日利亚的农户调查表明，获得合作社社员身份的农户通过购买服务，提高技术采纳水平，显著影响了农户福利水平，包括家庭财富价格和食品消费等。

2.5.2　生产外包对产品质量的影响研究

在农业生产中，产品质量决定了农产品的销售价格（González-

Flores，et al.，2014)，进而影响农民的农业收入。在影响产品质量的环节，农户选择外包可以有效的保障技术水平不高带来的产品质量问题。现有研究表明，技术采用水平影响农民收入水平(Hennessy and Heanue，2012；Zeller，1998)。Abebaw 和 Haile(2013)对埃塞俄比亚的小农户实证研究表明，合作社通过为农户提供技术服务，有效提高了小农户的技术水平。Hao 等(2018)对中国山东和山西地区的苹果种植户的研究发现，产品质量相关变量对产量销售渠道有一定的影响。他们认为，收购商更倾向于选择产品质量较高的苹果种植户。因此，在技术要求高的环节购买服务，农户可以避免低技术带来的风险和不确定性(Lybbert，et al.，2018)。为了降低农户生产后续的损失，产品市场反对农业生产中质量损失，并鼓励农民提供高质量的产品(Bassey，Kuhn and Storm，2018)。因此，本书中在烟叶生产中烘烤环节的质量和水平对烟农收入是至关重要。烟农的烟叶价格可能因不同的烤烟技术和质量而存在很大差异。Fałkowski、Curzi 和 Olper(2018)以农产品部门为例，分析外包的承包机构对产品质量升级的影响。

此外，现有文献还分析了合作社参与与产品质量的关系(Drivas and Giannakas，2010；Grashuis and Su，2019；Pennerstorfer and Weiss，2013)。合作社的经营规模也对产品质量有一定的影响(Cai，et al.，2016)。Pennerstorfer 和 Weiss(2013)研究发现，合作社社员规模对于产品质量有显著且正向的影响。Ma、Abdulai 和 Goetz(2018a)对苹果种植户的研究表明，农户加入合作社可以显著改善肥料使用和土壤改良剂使用，进而提升苹果种植户的生产效率。Banerjee 等(2001)采用博弈论模型,从消费者视角发现合作社参与可以有效地提高产品的质量。

2.5.3　生产外包对非农收入的影响研究

关于生产外包对于非农收入的影响研究不多,现有文献多考察劳动力转移、非农就业和社会网络对非农收入的影响。李谷成、李烨阳和周晓时(2018)基于 2000 年至 2015 年的省级面板数据,研究表明劳动力转移直接作用于非农收入增长。王建(2019)利用中国家庭动态追踪调查数据,研究发现,社会网络对农业收入的影响随着村里外出务工的比重增加而逐步减弱。与此同时,社会网络会增强对家庭非农收入的影响。生产外包提高了家庭成员非农就业可能,从而提高非农收入。Grossman 和 Rossi-Hansberg(2008)在分析外包成本对要素报酬的影响时,构建了外包理论模型。结果表明,外包费用的减少对非农收入有一定的影响。农业生产率效应、外包服务要素供给效应和非农就业的工资水平与外包费用相对价格效应和共同决定了外包费用。

2.5.4　农民收入的相关估计方法

1. 倾向得分匹配法

倾向得分匹配法(propensity score matching,简称 PSM),是评估某项政策影响农户收入的一个重要方法。PSM 的基本思想如下所述。

实验组和对照组的农户通过一定的方式匹配后,在其他条件完全相同的情况下,通过实验组和对照组在收入上的差异来判断政策效果与收入之间的因果关系。PSM 方法包括两个阶段:首先,通过 Probit 模型估算出实验组的倾向得分;其次,基于倾向得分计算出匹配后的平均处理效应。

国内外学者采用 PSM 方法来估计某项政策或决策对于农户收入的影响。陈玉萍等(2010)利用滇西南山区 8 县 16 村 2000 年、2002 年和 2004 年 473 个农户调查数据评估改良陆稻技术采用对山区农户收入的效应,与未采用该技术的农户相比,采用该技术的农户收入分别提高了 1.49 倍、1.34 倍和 1.23 倍。华春林等(2013)基于陕西省 626 个农户样本数据,采用 PSM 方法分析测土配方施肥项目对农户化肥投入量影响。研究表明,一定程度上农业教育培训项目能够影响农户的化肥投入量。李霖、郭红东(2017)根据产业组织的不同模式,将蔬菜种植户分成两组:实验组(部分横向合作模式、完全横向合作模式和纵向协作模式)和对照组(完全市场交易模式),以验证不同产业组织模式对于农户收入之间的因果关系。Liu、Rommel 和 Feng(2018)基于 346 户江苏省农户的调查数据,评估农户参与土地流转决策对其收入的影响,结果表明农户参与土地流转的决策和获取更多的市场信息可以有效增加农户的土地流转收入。Hoken 和 Su(2018)以中国大米合作社为例,采用 PSM 方法分析是否加入合作社对于家庭收入的影响。Lin 等(2019)基于广西农户调查数据,采用 PSM 分析整村推进扶贫项目中参与讨论和投票两种不同的参与方式对农户收入的影响。此外,Diamond 和 Sekhon(2013)提出了基因匹配法,该方法将马氏距离匹配和近邻匹配相结合,进一步提高了处理组和控制组样本匹配程度和结果估计的准确性。

2. 工具变量法

在不可观测变量或可见偏差情形下,PSM 方法是较为普遍的方法。然而,当存在不可观测变量选择或不可见偏差时,工具变量法更为合适。应用工具变量法,首先要找到至少一个工具变量,其要与核心解释变量直接相关,但又不能与被解释变量相关。选择二阶段普通最小二乘法、Probit(或 Logit)最小二乘法等作为工具变量法运用的具体方法。核心解释变量为 0—1 变量时,可以选择 Plug-in方法,即通过建立核心解释变量的 Probit 或者 Logit 决定方程。该方法对 Probit 或 Logit 决定方程的设定有一定的要求。

国内外学者选择工具变量法处理不可观测因素而引起模型的内生性问题。刘璨、张巍(2007)在分析退耕还林政策对农户收入影响时,选择工具变量法,选择村层面参与项目的时间作为工具变量,直接影响农户参与该项项目。实证结果表明,农户参与退耕还林工程显著且正向提高了农户收入。孟德锋、张兵和刘文俊(2011)基于淮河流域的农户调查数据,分析了农户参与灌溉管理对收入的影响时,为解决模型中可能存在的内生性问题,借助工具变量,建立农户参与灌溉管理变量和工具变量之间的诱导方程,结果表明参与式灌溉管理能提高农户的种植收入。

3. 其他计量方法

双重差分法(difference in differences,简称 DID)、内生转换模型(endogenous switching model)也是分析某项政策或农户决策对农户影响的重要方法。DID 在公共政策评估中运用最多,这种方法的适用前提是实验组和对照组具有相同时间趋势(苑德宇、宋小宁，2018)。若如果两组的时间趋势不同，就难以考察项目实施带来的结果是自身趋势还是政策作用。郑文琦(2008)运用一个基于多阶段议价的差分模型进行实证研究，认为技术外包模式有助于农业推广机构提高对市场中各类技术服务的辨别能力，进而促进农业技术市场中的资源的合理配置。Wossen 等(2017)采用内生选择模型，分析了尼日利亚农户的技术采纳对农户福利的影响。

2.5.5　小结

现有文献关于农户外包对收入影响的研究较少。在研究方法上，PSM 方法和工具变量法是一项有效估计是否选择生产外包对产品质量的一个重要方法。PSM 方法通过实验组与对照组匹配，在控制其他条件不变的情况下，通过考察两组在产品质量和收入水平上的差异，可以判断某项政策对于农户的经济影响。工具变量法可以解决模型中生产外包与收入之间可能存在的互为因果的内生性问题。该方法可以有效解决不可观测因素和可观测因素情形下，因果效应评估的问题。

2.6　研究进展评述

综上所述，目前已有诸多学者对农户生产环节外包进行了较为广泛的研究。这些研究多数集中在分析农户是否有外包的意愿，影响农户外包的主要因素、测量外包程度，以及农户外包对技术效率和规模经营的影响。但现有的研究还存在一些不足。

第一,在对生产外包的影响因素分析的研究中,已有研究主要考察农户个人特质(如性别、年龄、受教育程度等)、家庭特征(如种植面积、家庭劳动力数量、农业机械设备数量等)、土地特征(如土地细碎化、土地质量)、地区特征及外部环境(如政府补贴等)。而基于交易成本分析框架,从资产专用性、不确定性和交易费用维度,考察影响生产外包的分析较少。在研究方法上,Logic 回归模型和 Probit 回归模型较为常用,缺乏更深层次的分析。

第二,在对生产外包对农户技术效率影响的研究中,现有文献并未考虑模型中生产外包的内生性问题。一方面,农户的外包与农户家庭特征(性别、受教育程度、外出务工经历、年龄等)有关。另一方面,内生性问题的存在无法判定农户的外包与技术效率之间的因果关系。在研究方法上,现有研究存在缺陷。

第三,在对生产外包对收入的影响研究中,现有文献主要考察生产外包对农户规模经营的影响,而对收入影响的文献较少。研究方法上,现有文献采用 PSM 方法考察不同产业组织模式、技术采用等对于农户收入的影响。而基于工具变量法,并根据不同环节对生产外包进行分类,考察生产外包对于农户收入影响的研究较缺乏。

本书将围绕贵州的烟叶生产,分析烟农生产外包产生的背景及其形成、影响因素及区域差异性所呈现的规律性及其原因,并评价烟农生产外包在提高技术效率和增加种烟收入、非农收入等方面的绩效,进而为农户外包的实践提供可行的政策建议。

第3章 中国烟叶生产的发展现状及贵州烟农合作社发展

3.1 中国烟叶产业发展趋势

第一,以西南烟区为主产区。根据《中国烟草种植区划》,中国的烟草种植主要分为五大烟区,其中西南烟区包括云南、四川(含重庆)、贵州,东南烟区包括广东、广西、福建,长江中上游烟区包括江西、湖南、湖北,黄淮烟区包括山西、山东、河北、河南、陕西、安徽,北方烟区包括辽宁、吉林、黑龙江、甘肃、内蒙古。

图 3.1 展示了中国主要烟叶种植地区种植规模的变化趋势。1983 年至 2016 年间,黄淮烟区的烟叶种植面积占比从 1978 年的43%下降至 1994 年的 20%以下。与此相反的是,西南烟区的种植面积占比从 1978 年的 28%逐年上升至 1994 年的 50%以上,2016年烤烟种植面积比重稳定在 60%。长江中上游烟区、黄淮烟区和北

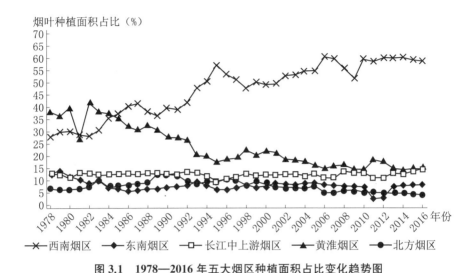

图 3.1　1978—2016 年五大烟区种植面积占比变化趋势图

资料来源:国家统计局农村社会经济调查司:《改革开放三十年农业统计资料汇编》,中国统计出版社 2009 年版。中华人民共和国农业部:《中国农业统计资料》,中国农业出版社 2008—2017 年版。

方烟区的烟叶种植面积占比的变化稳定在 5％以内。

从烟叶生产的五大烟区的产量看,西南烟区的烟叶产量自 1993 年以来,产量占比达 45％以上。与此相对应的产量占比由高到低分别为:黄淮烟区、长江中下游烟区、东南烟区和北方烟区,这四大烟区产量占比均在 20％以下。从发展趋势来看,黄淮烟区由 1978 年以来的烟叶主产区(40％以上)逐年下降至 20％。而西南烟区产量占比由 1978 年以来的 25％逐年上升至 55％左右。由此可见,西南烟区为中国烟叶生产的主要产区(见图 3.2)。

第二,烟叶单产逐年上升。提高烟叶单位面积产量是提高烟叶产量的重要途径。图 3.3 展示了 1978 年至 2016 年中国及五大烟区单位面积产量的变化趋势。从全国烟叶单位面积产量看,1978 年至

烟叶产量占比（%）

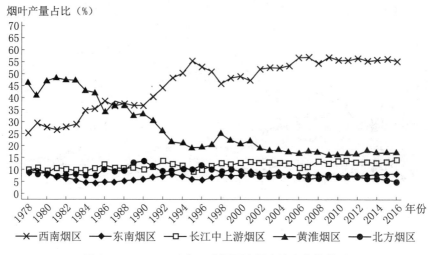

图 3.2　1978—2016 年五大烟区产量占比变化趋势图

资料来源：国家统计局农村社会经济调查司：《改革开放三十年农业统计资料汇编》，中国统计出版社 2009 年版。中华人民共和国农业部：《中国农业统计资料》，中国农业出版社 2008—2017 年版。

烟叶单位面积产量（公斤/公顷）

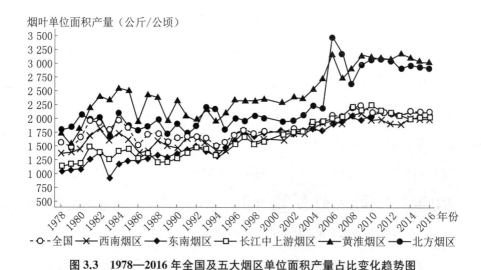

图 3.3　1978—2016 年全国及五大烟区单位面积产量占比变化趋势图

资料来源：国家统计局农村社会经济调查司：《改革开放三十年农业统计资料汇编》，中国统计出版社 2009 年版。中华人民共和国农业部：《中国农业统计资料》，中国农业出版社 2008—2017 年版。

1994 年间呈现较大的波动状态,变化区间在 1 500 公斤每公顷至 2 000 公斤每公顷。而从 1994 年至 2016 年,中国烟叶生产的单产呈现上升的发展趋势,由 1994 年的单产 1 500 公斤每公顷上升并稳定在 2 000 公顷每公顷。

从五大烟叶种植区域看,在变化趋势、单产增量和单产水平上存在一定的差别。从单产增量上来看,黄淮烟区和北方烟区烤烟单产增长幅度最大,由 1978 年的 1 750 公斤每公顷增加到 2016 年的 2 800 公斤每公顷,增加了 1 050 公斤每公顷,增幅达 60%。从变化趋势看,各烟区的单产呈现上升的趋势。从单产水平上看,由于地理因素和区域经济水平的差异,黄淮烟区和北方烟区的单产水平高于西南烟区、东南烟区和长江中下游烟区。从生产重心看,邓蒙芝(2015)基于重心拟合模型的研究发现,中国烤烟生产重心呈现向西移动趋势。

第三,人工成本逐年上升。根据《全国农产品成本收益资料汇编 2018》,烟叶的主要生产成本包括:物质与服务费用、人工成本和土地成本。其中,烟叶生产的人工成本包括家庭用工折价和雇工成本。图 3.4 展示了 1978 年至 2016 年烟叶生产的物资和用工投入比重,结果显示,烟叶生产的物资投入比例从 1978 年的 63%下降到 2016 年的 45%。在同一时期,人工成本的绝对值总成本的比例也有一定增幅,从 1978 年的 53%增加到 2016 年的 62%。特别是 2008 年以后,用工成本比例快速上升。人工成本导致烟叶生产成本增加,其中,在专业服务和机械化服务水平较低的地区,人工成本的比例更高。因此,劳动力成本的增加为烟农生产

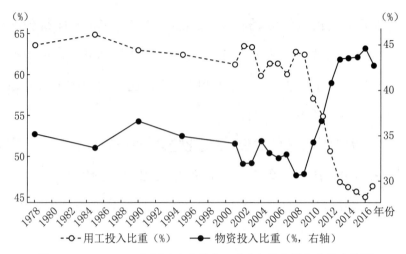

图 3.4　1978—2017 年烟叶生产的人工成本与物资投入占比变化图

资料来源：国家发展与改革委员会价格司：《全国农产品成本收益资料汇编 2018》，中国统计出版社 2018 年版。

外包创造了条件。

3.2　贵州烟叶生产的基本情况

3.2.1　种烟基本情况

贵州属于西南烟区。在种植面积和产量上，贵州是中国第二大烟叶种植省份，仅次于云南。由图 3.5 可知，1982 年以来，贵州烟叶产量占全国总产量的比重保持在 10% 以上。由图 3.6 可知，贵州烟叶种植面积由 2011 年的 293.42 万亩上升至 2012 年的 358.43 万亩，2012 年以后回落至 237.70 万亩。在烤烟收购方面，2011 年，贵州收购烤烟 548.68 万担，逐年上升至 2013 年的 727.35 万担。然而，2013—2015 年，贵州烤烟收购量呈下降趋势，由 727.35 万担下降至 592.96 万担。

图 3.5　1978—2014 年贵州烟叶产量占比趋势图

资料来源:国家烟草专卖局:《中国烟草年鉴》,中国经济出版社 2013—2016 年版。

	2011年	2012年	2013年	2014年	2015年
烟叶收购（万担）	548.68	658.65	727.35	591.55	592.96
烟叶种植（万亩）	293.42	358.43	341.38	280.49	237.70

烟叶收购（右轴）　　　　烟叶种植

图 3.6　2012—2015 年贵州烟叶种植和收购情况

资料来源:国家烟草专卖局:《中国烟草年鉴》,中国经济出版社 2013—2016 年版。

从贵州各区域看,由于地理条件限制和经济发展水平的差异,各区域的生产规模有很大的差异。图 3.7 展示了贵州 9 个地市烟叶种植面积的占比情况。毕节和遵义地区的烟叶种植规模最大,占比分别为 56.8% 和 62%。黔西南州的烟叶种植面积居第三位,占比达 32%。贵阳、六盘水、安顺、铜仁、黔东南州和黔南州的烟叶种植面积占比均为 20% 以下。

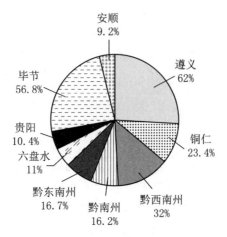

图 3.7　2015 年贵州各地区烟叶种植面积占比情况

资料来源:国家烟草专卖局:《中国烟草年鉴》,中国经济出版社 2016 年版。

3.2.2　户均规模情况

2012 年至 2015 年,贵州烟农的数量有所下降,但户均规模呈小幅增加。具体来说,由图 3.8 可知,贵州烟农户数由 2012 年的 21 万

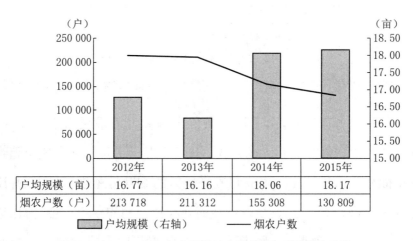

	2012年	2013年	2014年	2015年
户均规模(亩)	16.77	16.16	18.06	18.17
烟农户数(户)	213 718	211 312	155 308	130 809

□ 户均规模(右轴)　—— 烟农户数

图 3.8　2012—2015 年贵州烟叶生产户均规模和烟农户数

资料来源:国家烟草专卖局:《中国烟草年鉴》,中国经济出版社 2013—2016 年版。

户下降至 2015 年的 13 万户。而户均种烟规模有小幅增加,由 2012
年的人均种烟 16.77 亩小幅上升至 2015 年的人均种烟 18.17 亩。

贵州省各地区的人均种烟面积呈现一定的差别。图 3.9 展示了
贵州 9 个主要烟叶种植区域的户均种植规模情况。其中,铜仁和安顺
的烟农经营规模最大,平均每一户烟农种烟面积达 29.89 亩和 28.31
亩。遵义、黔东南州和黔南州的烟农种植规模在 20 亩左右。六盘
水、黔西南州和贵阳三个地市的烟农种植规模较小,户均种烟面积
在 15 亩至 20 亩。由于毕节各县多为山区,土地细碎且多块,烟农的
户均种烟规模仅为 12.74 亩。郭晶晶等(2014)基于毕节市 253 户烟
农的调查发现,烟地不连片是制约农户扩大经营规模的重要因素。

3.2.3 烟农收入情况

保障烟农种烟收入是稳定烟农队伍、实现烟叶可持续发展的重

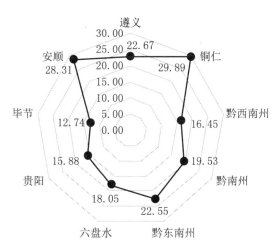

图 3.9 2015 年贵州省各地区烟农种烟规模(亩/户)

资料来源:国家烟草专卖局:《中国烟草年鉴》,中国经济出版社 2016 年版。

要目标。贵州 9 个地级市 88 个县中有 64 个县种植烟叶,50 个扶贫开发重点县中有 34 个县种植烟叶,种烟收入成为贵州贫困地区农民现金收入的重要来源之一。贵州通过烟叶种植计划资源优先向贫困地区、少数民族地区倾斜等方式,提高贫困地区烟农的收入。2012 年至 2015 年间,贵州省烟农收入呈现稳步上升的趋势,户均种烟收入从 3.7 万元增加至 5.8 万元,增幅达 2.1 万元,年增幅达19.10%。此外,亩均种烟收入也呈现上升趋势,由 2012 年的 2 209元增加至 2015 年的 3 207 元。

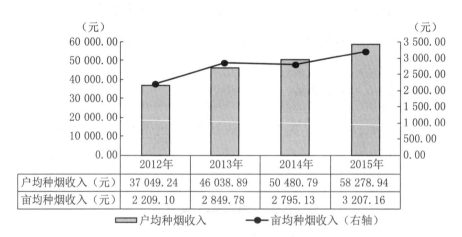

	2012年	2013年	2014年	2015年
户均种烟收入（元）	37 049.24	46 038.89	50 480.79	58 278.94
亩均种烟收入（元）	2 209.10	2 849.78	2 795.13	3 207.16

　▭ 户均种烟收入　　━●━ 亩均种烟收入（右轴）

图 3.10　2011—2015 年贵州烟农种烟收入情况

资料来源:笔者根据《中国烟草年鉴 2016》中相关统计数据计算。

3.2.4　基础设施情况

基础设施的完善是促进烟叶发展、提供烟农收入的重要条件。贵州烟叶生产基础设施建设主要包括集约化烘烤工程和烟水配套工程,还包括小型农机具、田间道路建设、烟地整治工程和烟地土壤改良。其中,集约化烘烤工程包括改造现有烤房和新建智能化密集烤房,烟水配套工程包括建设小水池、小水窖、小山塘、配套沟渠,用以满足烟地排灌的需求。

2011—2015 年,贵州烟草局等政府部门累计投入烟叶生产基础设施 82 亿元,累计受益面积 659.73 万亩。由图 3.11 可知,2011—2013 年,烟叶基础设施投入每年均超过 19 亿元,2014 年和 2015 年烟叶基础设施投入分别达 13.71 亿元和 6.99 亿元。2015 年,贵州烟叶生产新增受益面积为 2011—2015 年最高,达 278.52 万亩。烟水配套工程的实施,改善了山区烟地缺水的问题,提高了烟农生产效率;烤烟设施的完善和新型智能烤房的建设,有效保障了烘烤环节的烘烤质量,降低了烟农的烤烟成本。

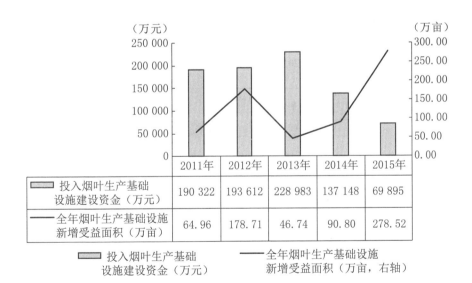

图 3.11　2011—2015 年贵州烟叶生产基础设施投入情况

资料来源:国家烟草专卖局:《中国烟草年鉴》,中国经济出版社 2016 年版。

3.3 贵州烟农合作社发展情况

2008 年起,贵州烟草部门先后在余庆敖溪、平坝利民、黔西杨柳等 8 个烟叶生产基地单元建立合作社专业化服务示范点,在育苗、机耕、植保、烘烤、分级等 5 个烟叶生产环节统一实行专业化服务。贵州烟农合作社成立的首要任务是为烟农提供专业化服务,以实现烟叶生产的减工降本目标。

截至 2017 年,贵州共成立了 127 个烟农合作社,注册资金达 4 884.76 万元,共有 89 619 户入社烟农(见表 3.1)。其中,遵义地区的合作社数量最多,达 38 个,覆盖了 16 382 户烟农。毕节地区的入社烟农户数最多,达 30 404 户,共成立了 21 个烟农合作社。而六盘

表 3.1　2017 年贵州烟农合作社基本情况

地区	合作社数量(个)	基本情况		决策经营人员	
		注册资金(万元)	入社烟农户数	理事会人数	监事会人数
遵义	38	675.07	16 382	176	133
毕节	21	454.82	30 404	119	70
黔西南州	17	196.70	15 864	80	55
黔东南州	8	348.86	6 569	53	42
六盘水	5	24.30	6 352	44	34
安顺	4	15.21	1 627	24	12
黔南州	10	331.50	3 203	74	35
铜仁	16	715.35	4 481	67	50
贵阳	8	2 122.95	4 737	49	33
合计	127	4 884.76	89 619	686	464

资料来源:贵州省烟草专卖局。

水和安顺地区成立的烟农合作社较少,分别有 5 个和 4 个,入社烟农分别为 6 352 户和 1 627 户。

为推动服务型烟农合作社的发展,贵州烟草部门为合作社提供了多方支持。首先,为合作社的专业服务提供政府补贴。2017 年,贵州省烟草局为烟农提供专业化服务的费用补贴,在育苗、分级环节补贴的基础上,对机耕、植保、烘烤环节根据合作社的服务量,平均补贴分别为 20 元/亩、6 元/亩和 60 元/亩。其次,在服务定价方面,在烟草部门的监督下,合作社与烟农共同协商,以略高于服务成本对合作社服务进行定价。再次,政府加强对合作社的信贷支持,为合作社发展提供更好的金融环境。在遵义余庆,政府部门通过利率优惠和担保贷款的方式为每个烟农合作社提供 200 万元贷款,有效缓解了合作社的启动资金难题。

在贵州省烟草局的支持下,烟农合作社的服务运作模式逐步丰富和完善,形成了"单元总社-片区分社"和"单元合作社-片区服务队"等服务模式。在服务环节和对象上,烟农合作社由单一环节的生产服务到多环节综合服务转变,由服务少数农户到服务更多农户转变,增加合作社的服务半径和服务内容。以遵义余庆的烟农合作社为例,在烟叶生产的不同环节成立的服务小分队,根据片区成立的服务站,形成"片区统一服务联系、合作社统一派工作业、服务队专业服务"的运营模式,不断完善烟农合作社的服务职能。

表 3.2 展示了 2017 年贵州烟农合作社在育苗、机耕、植保和分级等生产环节的服务情况。整体来看,合作社在育苗、采收和烘烤及分级环节为烟农提供了较大支持,服务规模分别为 192.68 万亩、

232.71 万担和 452.81 万担。而合作社在机耕、植保等环节提供的服务相对较少,服务面积分别只有 57.92 万亩和 97.39 万亩。分地区看,贵州各地区烟农合作社在育苗、采烤和分级环节的服务面积高于机耕、植保环节,与全省整体情况一致。而遵义和毕节的烟农合作社在烟叶生产的各环节服务面积高于其他地区,这与这两个地区的种烟面积、合作社发展情况和地理特征相关。

表 3.2　2017 年贵州烟农合作社服务情况

地区	专业化育苗服务面积(万亩)	专业化机耕服务面积(万亩)	专业化植保服务面积(万亩)	采收和烘烤数量(万担)	专业化分级数量(万担)
遵义	47.23	6.23	22.99	58.00	128.63
毕节	49.32	16.93	24.02	51.23	114.16
黔西南州	31.08	3.84	6.70	32.83	57.07
黔东南州	15.97	7.84	15.74	13.04	34.97
六盘水	11.20	3.03	7.67	14.72	24.41
安顺	6.26	3.91	4.79	5.44	10.06
黔南州	9.01	6.25	2.12	14.67	20.13
铜仁	15.81	5.42	6.56	27.40	46.48
贵阳	6.80	4.47	6.80	15.37	16.89
合计	192.68	57.92	97.39	232.71	452.81

资料来源:贵州省烟草局。

3.4　本章小结

本章介绍了全国烟叶产业的发展状况,重点介绍了贵州烟叶生产发展的基本现状,从种植规模、烟农数量、户均种植面积、烟农收入及烟叶基础设施投入五个方面分析了贵州烟叶生产的情况。同时,分析了贵州烟农合作社的发展及服务烟农情况。本章得到如下结论：

第一，中国的烟叶种植生产区域以西南烟区为主，西南烟区在烟叶种植面积和烟叶产量在全国占主导地位。

第二，贵州烟叶产量占全国总产量的比重保持在 10% 以上，是中国烟叶生产的主要省份，其中，毕节和遵义地区的种烟面积最大。2012 年至 2015 年间，贵州烟农的数量有所下降，但户均生产规模有所扩大，烟农收入稳步上升。烟叶生产基础设施有较大改善，烟农的烤烟质量和生产效率有所提高。

第三，贵州烟农合作社为烟农提供了多个环节的生产性服务，包括育苗、机耕、植保、采收、烘烤和分级等。各地区在合作社数量、社员和合作社服务规模方面存在差别，其中，遵义和毕节地区的烟农合作社服务面积高于其他地区。

第4章 贵州烟叶生产环节及烟农生产外包的现状

4.1 贵州烟叶生产的主要环节

烟叶生产主要有育苗、机耕、植保、采收、烘烤和分级六大生产环节(见图4.1)。与水稻、小麦等粮食作物相比,烟叶生产的不同环节有其自身的生产技术特点,因而烟农在不同生产环节的生产外包不尽相同。

第一,在育苗环节,传统老式育苗主要为小拱棚土式育苗,而合作社的集约化育苗主要为漂浮式育苗(拱棚无土式育苗)和集约化立体育苗。与传统小农户育苗相比,合作社的集约化育苗可以有效地保障出苗速度和育苗的质量,保障后续烟叶生产。此外,合作社为购买烟苗的烟农提供后续保障,烟苗若受到自然灾害的影响,烟农可以获得免费的烟苗补偿,重新进行烟苗移栽,这样可以最大程

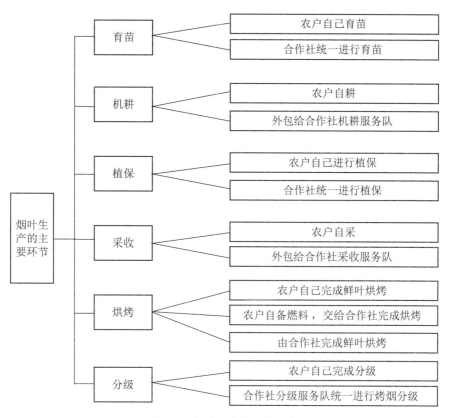

图 4.1　烟叶生产的六大环节

资料来源：笔者根据贵州烟叶生产实际情况绘制。

度地降低烟农的损失，保障烟农的后续生产。

第二，对于贵州山区的烟农来说，山区土地细碎多块，耕地环节需要大量的劳动力，且生产效率低下。合作社为烟农购买适合山区的起垄机，并组建专业化机耕服务队，为烟农提供专业的机耕服务。烟农将机耕环节外包给合作社，可以有效加快起垄进度、确保垄体质量和标准，减轻烟农劳动强度、降低烟农的生产投入成本。

第三，烟区存在病虫害多发、烟叶抗虫性退化等问题，植保是保障烟叶生产的重要环节。合作社成立的植保服务队,对烟叶种植过程中的病虫害进行统防统治。由于植保环节存在容易受灾,难以定责的问题,烟农往往自己开展植保工作。劳动力不足、种烟规模较大的烟农,将植保环节外包给合作社,不仅可以减工降本,而且可以获得专业的技术人员指导,有效遏制病虫害的发生和蔓延。

第四,在采收和烘烤环节,烟农可以选择鲜叶的直接采摘和烘烤,也可以将采收和烘烤外包给合作社来完成。合作社组建采摘专业化、烘烤专业化建设,并由合作社统一管理、统一调度;配备职业烘烤师、烘烤助理,严把采收成熟度关;现场指导分类编烟上炕、规范烘烤操作流程,严把烘烤关;指导烟叶下炕,实施分类打捆、称重,严把烟叶初检质量关;根据密集型烤房的使用情况做到统筹安排,严把烘烤调度关。采收环节的外包,可以有效地减少家庭用工量,提高烟农的生产效率。烘烤环节有专业的技师和服务队来完成,保障了烟叶烘烤质量、降低烘烤成本、增加烟农收益。

第五,分级环节的外包,即指烟农生产的烟叶由合作社专业化的分级队伍完成分级,并实行散叶交售方式,改变了以往由烟农自己完成分级并扎把交售的方式(何命军、周世民,2013)。以遵义县为例,合作社采用层层递进的分级模式,保证了散叶分级的客观性和透明度(袁佳、陈光辉、陈叶君,2012)。与传统烟农自己进行分级不同,专业化分级有效地节省了烟农在分级扎把过程中的劳动力,提高了烟叶分级效率,减少了烟叶分级用工。此外,专业化分级提高了烤烟分级的准确性,有效地避免返工带来的用工成本的增加。对于小规模经营的烟农,将烟叶分级外包给合作社,有效地节约了劳动力和时间成本。袁佳等(2012)通过对贵州 5 户烟农分级的跟踪调查发现,专业化分级节约了传统散户分级的散烟扎把环节,每公顷烟地可以节约 22.5 个扎把用工,降低了生产成本。

4.2 贵州烟叶生产外包环节的分类

在烟叶生产中,烟农是否进行外包与生产环节的生产技术特征有较大的联系。本节根据烟叶生产各环节的生产技术特征,将烟农的生产外包分为劳动力密集环节生产外包和技术密集环节生产外包。根据烟农生产外包环节的数量,将烟农生产外包分为全环节生产外包和部分环节生产外包。根据烘烤环节烟农的不同外包需求特质,将烘烤环节分为"包工包料"和"包工不包料"两种生产外包。

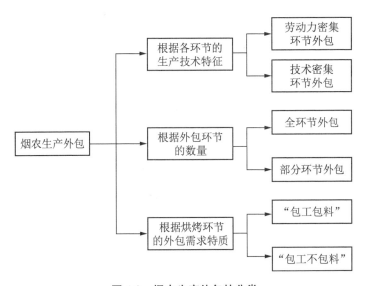

图 4.2 烟农生产外包的分类

资料来源:笔者根据烟叶生产实际情况绘制。

4.2.1 劳动力密集环节外包和技术密集环节外包

现有研究从不同的角度分析了农户或生产者生产外包的环节特征和差异。威廉姆森（Williamson，2007）基于交易成本分析框架，提出不确定性是影响农户生产外包的重要因素。Fernándezolmos 等（2009）的研究发现，环境不确定性、行为不确定性和环境特征性也会影响食品行业的产业组织选择。Bensaou 和 Anderson（1999）基于美国和日本的研究发现，生产任务的繁杂性需要投入更多的劳动力、时间和成本，并增强了协作程度。Vernimmen 等（2000）通过对比利时农户外包的研究发现，不确定性、任务的复杂性和时间是影响农户外包选择的因素。

现有研究基于国内水稻种植户的研究表明，劳动力密集环节外包的农户比例大于技术密集环节外包的农户比例（王志刚等，2011），任务复杂性和外包效果不确定性在水稻生产环节中的差异是造成生产环节外包程度差异的原因（蔡荣、蔡书凯，2014）。本书借鉴水稻生产中各生产环节的分类，结合烟叶生产各环节对劳动力、技术的需求程度，将植保、采收、分级环节归类为劳动力密集环节，将育苗、机耕、烘烤环节归类为技术密集环节。

具体来说，烟叶的育苗需要烟农掌握较高的育苗技术，该环节属于技术密集环节。烟叶的烘烤需要对同一株烟叶的不同层次的鲜叶采用不同的烘烤方式，这对烟叶后续定级至关重要，也是技术需求较高的环节。而机耕对于起垄的高度和质量有一定的要求，也是技术密集环节。鲜叶采收环节劳动强度大，属于劳动力密集环节。植保和分级对劳动力的需求量大,对技术的要求较低,因而这两个环节属于劳动力密集环节。

4.2.2 全环节外包和部分环节外包

如果自给自足和外包服务满足完全替代或部分替代关系,提高外包服务的效率和管理效率以及提高专业化水平,提高农业生产的一体化程度(仇童伟,2019)。如果自给自足和外包服务满足完全互补的关系,那么作为"短板"的自给自足和外包服务,提高不同环节生产的专业化程度,加深农业分工与生产效率。基于此,烟叶生产中存在全环节生产外包和部分环节生产外包两种外包模式。

全环节外包。当外包服务可以完全替代自给,且当外包的生产效率更高、纵向一体化深化、合作社提供的服务更加健全时,烟农更倾向于全环节外包。当烟农将育苗、机耕、植保、采收、烘烤和分级六个环节均外包给合作社,此时烟农的生产外包被定义为全环节生产外包。

部分外包。当外包服务与烟农自给互补,合作社给烟农提供的服务可以部分替代自给,弥补烟农在种烟劳动力投入、技术等烟叶生产环节的不足时,烟农更倾向于部分生产环节外包。当烟农把部分生产环节交给合作社完成,实现生产效率和收入的增加,此时烟农的生产外包被定义部分生产环节外包。

4.2.3 烘烤环节的"包工包料"和"包工不包料"

在烘烤环节,对于经验丰富的烟农来说,可以选用自家的烤房,统一聘请技师进行新鲜烟叶的烘烤。而对于经验不足或家庭劳动力不足，无法进行自家烘烤的烟农，可以选择将新鲜烟叶交给合作社统一烘烤。练华珍（2009）对比了10户分别采用散户烘烤和专业化集中烘烤的烟农发现，从烟叶质量效益、化学成分上看，合作社的专业化烘烤能提高烟叶的质量，降低低等烟叶的比重，提高烟叶的工业可用性和经济效益。此外，专业化烘烤与散户烘烤相比成本降低了0.47元/千克，且散户用工比专业化烘烤多1.6倍（练华珍，2009）。烘烤环节的生产外包，对于烘烤经验不足、生产规模较大的烟农，将采收的鲜烟叶统一交给烘烤工场，委托烤烟专业合作社聘请的烘烤师对烟农的烟叶进行专业化烘烤，解决小散户烘烤难、烤烟质量难以控制的困难和问题。

与广西等地烟农采用的晒烟处理方式不同，贵州的烟叶生产主要采用烤烟方式，该环节的生产成本除了人工费用外，还包括煤等燃料费用。因此，合作社向烟农收取的服务费用主要由两部分组成：第一，聘请专业技师统一进行烘烤的服务费、烤烟设施的使用费，以及合作社的管理费等；第二，在烤烟过程中耗费的煤等燃料费用，该费用根据合作社当期购买的煤炭费用进行调整。

基于烟农对于烘烤环节不同服务内容的选择，形成了两种不同外包的模式：一是"包工包料"，即烟农将烘烤环节全部外包给合作社来完成，既包括烤烟的服务费用和设施使用及管理成本，又包括烤烟的燃料费用。这种做法可以节约烟农的时间和精力，最大程度地保障烟叶的烘烤质量和生产效率。缺点是烤烟成本受煤炭市场价格波动的影响，当煤炭价格较高时，烤烟的成本会较高。二是"包

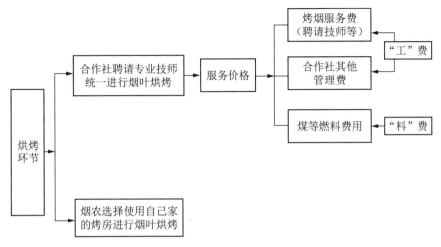

图4.3 烘烤环节烟农的生产外包

资料来源:笔者根据烟叶生产实际情况绘制。

工不包料",其中仅包括服务费用和设施使用及管理成本,烟农自带烤烟所需要的煤炭。这种做法的好处是,烟农可以在煤炭价格较低时提前购入,以降低烘烤环节的整体成本。

4.3 贵州烟农生产外包的现状

基于上一节不同外包方法的分类,本节选择2014年贵州省474户有效烟农调研数据,进一步分析贵州烟农生产外包的现状。

4.3.1 育苗环节外包比重最高

表4.1展示了受访烟农在烟叶生产各环节的外包情况。总体而言,样本烟农在育苗环节上选择外包的比重最高,达61.47%。

集约式育苗降低了烟农在育苗环节的不确定性,有效保障了烟苗的出苗速度和质量,从而为后续环节提供有力支持。其次,烟农在烟叶分级环节更倾向于外包,通过专业化分级,节约了烟农分级扎把的劳动力投入,提高了生产效率。此外,烟农在机耕、烘烤、植保和采收环节的外包比重由高到低分别为 53.90%、42.32%、35.63% 和 16.04%。

表 4.1 贵州省各地区受访烟农生产外包比重

地区	育苗环节	机耕环节	植保环节	采收环节	烘烤环节	分级环节	样本量
贵州（汇总）	61.47%	53.90%	35.63%	16.04%	42.32%	58.35%	474
六盘水	62.16%	64.86%	40.54%	20.27%	43.24%	64.86%	74
贵阳	100.00%	16.67%	16.67%	8.33%	8.33%	100.00%	12
遵义	51.72%	31.03%	17.24%	20.69%	41.38%	62.07%	29
安顺	50.00%	55.00%	10.00%	0.00%	5.00%	45.00%	45
毕节	75.86%	63.79%	18.97%	8.62%	50.00%	74.14%	58
铜仁	25.26%	29.47%	15.79%	8.42%	11.57%	18.94%	95
黔东南州	93.94%	87.88%	78.79%	0.00%	78.79%	81.82%	33
黔南州	70.59%	49.02%	39.22%	15.69%	60.78%	74.51%	51
黔西南州	75.32%	68.83%	63.64%	37.66%	61.04%	63.64%	77

资料来源:笔者计算。

分地区看,由于贵州各地区的经济条件和地理特征差异,各地区烟农在烟叶生产各环节的外包选择上也有一定差异,但总体上与贵州省整体情况一致。贵阳、毕节、黔东南州、黔南州和黔西南州的样本烟农在育苗环节生产外包,而铜仁地区样本烟农在育苗环节选择外包的比重仅为 25.26%,这可能与不同地区集约化育苗的推广进程及烟农育苗技术水平相关。在机耕环节,因受访地区地理特征的差异,黔东南州、黔西南州、毕节和六盘水更倾向于外包,比重达

60％以上,这些地区多为山区,烟农自己从事机耕的难度大且农机购置投入费用较高,购买合作社的统一服务可以节约劳动力投入和时间。在植保和采收环节,各地区受访烟农外包的比重都比较低。烟叶种植过程中,植保环节受天气等不确定因素影响较大,外包容易出现难以定责、推诿扯皮的问题,烟农更倾向于自己完成。而在采收环节,贵州烟农多以家庭为生产单位,经营规模在 20 亩左右,大部分家庭劳动力能够满足采收环节的用工需求。除贵阳、安顺和铜仁外,其他地区样本烟农在烘烤和分级环节的外包比重达 40％以上,这两个环节分别对烤烟技术和劳动力有较大的需求。通过购买合作社的服务,可以有效地保障鲜叶烘烤的质量,节约分级环节的用工投入,提高生产效率。

4.3.2　劳动力密集环节外包比重高

表 4.2 展示了受访烟农在劳动力密集型和技术密集型生产环节参与生产外包的比重。整体看,具有技术密集型特征的育苗、机耕和烘烤环节的外包比重较高(比重为 67.48％),略高于具有劳动力密集特征的植保、采收和分级环节(比重为 61.92％)。这不同于学者基于河南和山西小麦种植户的研究发现,劳动力密集型生产环节的外包比例高于技术密集环节(段培,2018)。该结果与王志刚等(2011)对水稻种植户的研究相一致。可能的解释为,烟叶生产各环节对烟农的技术要求较高,尤其是烘烤环节的烟农技术水平,决定了后续生产环节的烤烟定级及定价,进而影响烟农的收入。

表 4.2　劳动力密集环节和技术密集环节的生产外包比重

地区	劳动力密集环节	技术密集环节	样本量
贵州(汇总)	61.92%	67.48%	474
六盘水	70.27%	74.32%	74
贵阳	100.00%	100.00%	12
遵义	62.07%	55.17%	29
安顺	45.00%	70.00%	45
毕节	81.34%	87.93%	58
铜仁	21.05%	31.58%	95
黔东南州	87.88%	33.14%	33
黔南州	76.47%	76.47%	51
黔西南州	67.53%	68.83%	77

资料来源:笔者计算。

由于各地区地理和经济条件的差异,烟农在劳动力密集环节和技术密集环节的外包选择有一定的差别。遵义和黔东南地区与贵州全省总体情况相反。在遵义地区,烟农对植保、采收和分级等劳动力密集环节的外包比重高于技术密集环节的外包比重。可能的解释为,在遵义地区,烟农的经营规模普遍大于其他地区,烟农受制于家庭劳动力禀赋的限制,对烟叶生产的劳动力投入有更高的服务需求。而在黔东南地区,由于大量烟农外出务工,家庭劳动力难以满足烟叶生产需求,烟农更倾向劳动力密集环节的生产外包,以节约用工投入。

4.3.3　部分环节外包比重高

从表 4.3 中的数据可以看出,从整体来说,受访烟农更倾向于在部分生产环节选择外包。可能的解释为,在劳动力投入大、技术要求高的生产环节,烟农购买生产性服务,可以弥补劳动力投入和技术投入不足。在部分烟叶生产环节,自家劳动力能够自给自足,或烟农的管理经验能够应对,烟农更愿意自给服务。部分环节的生产外包,既可以让烟农在外包的生产环节获得专业化分工带来的经济收益,又可以节约自给服务需要花费的用工成本和服务成本。

表 4.3　全生产环节和部分生产环节的生产外包比重

地区	全生产环节	部分生产环节	样本量
贵州(汇总)	12.03%	55.46%	474
六盘水	12.16%	59.46%	74
贵阳	0.00%	100.00%	12
遵义	17.24%	44.83%	29
安顺	0.00%	75.00%	45
毕节	1.72%	44.83%	58
铜仁	3.16%	30.53%	95
黔东南州	0.00%	96.97%	33
黔南州	15.69%	60.78%	51
黔西南州	36.36%	32.47%	77

资料来源:笔者计算。

4.3.4　烘烤环节更倾向"包工包料"

表 4.4 展示了烘烤环节外包的烟农在总样本中的占比。总体来说,在烘烤环节,烟农更倾向于"包工包料"的外包方式,即烘烤环节烟农不仅支付工费,包含该环节的人工费用和管理费用,还支付燃料费用。烘烤环节的烟农完全外包给合作社完成,有效地节约烟农的时间成本和劳动力投入,保障了烟叶生产的质量和生产效率。

表 4.4 烘烤环节的生产外包比重

地区	烘烤环节包工包料	烘烤环节包工不包料	样本量
贵州(汇总)	45.91%	30.06%	474
六盘水	25.68%	17.58%	74
贵阳	83.33%	0.00%	12
遵义	34.48%	6.90%	29
安顺	5.00%	0.00%	45
毕节	43.10%	6.90%	58
铜仁	10.53%	1.05%	95
黔东南州	60.61%	18.18%	33
黔南州	41.18%	19.61%	51
黔西南州	36.36%	24.68%	77

注:烘烤环节"包工包料"即指烘烤环节包含燃料费用和人工费用、管理费用,"包工不包料"指烘烤环节包含人工费用和管理费用,燃料由烟农自己提供。

资料来源:笔者计算。

4.4 本章小结

本章分析了贵州烟农在六个生产环节的外包选择,并结合环节的生产技术特征对生产外包进行了分类。基于贵州烟农的调研数据,分析了烟农生产外包的现状。本章得到如下结论:

第一,贵州烟农在育苗、机耕、植保、采收、烘烤和分级六个环节,可以选择自给服务或者外包。在不同环节,烟农的外包选择有所差别。

第二,烟农外包基于各环节的生产技术特征,可分为劳动力密集环节外包和技术密集环节外包。根据烟农生产外包环节的数量,可分为全环节外包和部分生产环节外包。根据烟农在烘烤环节的外包选择内容,可分为"包工包料"和"包工不包料"。

第三,贵州烟农的农户调查表明,育苗环节的烟农外包比重最高,劳动力密集环节外包比重高于技术密集环节外包比重。烟农更倾向部分生产环节外包而不是所有环节外包。在烘烤环节,采用"包工包料"外包方式的烟农占比更高。

第5章 交易成本视角下烟农生产外包影响因素分析

5.1 分析框架与研究假说

5.1.1 分析框架

本书选择交易成本理论作为分析农户生产外包的理论基础,有三个方面原因。第一,在微观经济学和产业组织领域选择交易成本理论较为常见(Dyer, 2015; Mcfetridge, 2010; Woldehanna, Lansink and Peerlings, 2015)。第二,农户生产外包可以被定义为一项交易,且现有文献已经选择交易成本理论进行了相关研究(Alexander and Young, 1996a; Aubert, et al., 1996)。第三,本书选取的烟农调查数据,可以选择适合的变量用来定义交易成本的不同维度,因此,本书选择交易成本分析框架进行分析烟农外包的选择。

在烟叶生产中,自己生产还是选择外包是烟农面临的一个重要问题。若烟农选择自己生产,可能会损失分工专业化带来的收益;若烟农选择外包,在获得分工专业化收益的同时,购买专业化服务会产生额外的交易成本。烟农是否选择生产外包会因交易成本的增加或减少而发生改变,同时,外包给烟农带来的分工专业化收益也会变化。本书试图从交易成本视角分析分析烟农选择外包的影响因素。根据威廉姆森(Williamson,1996)提出的交易成本估计方法,本书从资产专用性、不确定性和交易频率三个维度,选取影响烟农外包选择的因素。

5.1.2 研究假说

根据交易成本理论,如果烟农在烟叶生产中投入的专有性资产越多,其可能在这个生产环节内部化倾向会更强烈。在烟叶生产中,农用机械、烤房等设施具有较强的专有性,难以转移到其他农业生产活动中。Ji 等(2017)对浙江水稻种植户的研究发现,当农户拥有农业机械时,他们倾向于使用自己的农业机械来完成水稻生产任务。据此,我们提出:

研究假设 1:烟农拥有的专用性资产越多,外包的可能性越低。

在农业生产中,环境的不确定性对烟农的生产决策产生一定的影响(Verhaegen and Van Huylenbroeck,2001)。Li 等(2018)基于蔬菜种植户的调查数据,指出环境的不确定性会影响农户参与产业组织的方式。在烟叶生产中,环境的不确定性是影响农户生产决策的因素。烟农面临的自然灾害有雹灾、旱灾、虫灾等,尤其是在山区,农户面临的自然灾害带来的生产风险会更高,但他们对风险抵抗力能力较弱。为规避自然风险,他们可能会付出较高的成本。因此,农户的生产外包受到不确定性变量的影响。王鹏、霍学喜(2011)对渤海湾的苹果种植户的研究发现,农户生产中面临的不确定性显著影响入社持续时间长短。农户普遍属于风险厌恶型(Ellis,1988),风险规避是理性农户选择生产外包的前提(段培、王礼力、罗剑朝,2017)。外包会带来不确定性,农户可能因为预期风险过大而不愿意外包,所以技术密集环节的风险认知是烟农外包选择的重要考虑因素。据此,我们提出:

研究假设 2:生产的环境不确定越高,烟农越倾向于生产外包。

根据威廉姆森的交易成本分析框架,烟农的种烟规模越大,其在生产过程中育苗、机耕、植保、农资购买等环节需要投入的精力和时间成本也越多,农户更倾向生产外包,以降低农业生产成本。钱静斐等(2017)基于广西水稻种植户的研究发现,土地规模对于农户,尤其是小农户的生产决策有显著的正向影响。据此,我们提出:

研究假设 3:烟农的经营规模显著正向影响烟农的生产外包。

5.2 研究方法

5.2.1 模型的选择

1. 烟农生产外包的影响因素:有序 Probit 模型

根据烟叶种植各生产环节的技术特点,将烟叶生产分为育苗、机耕、植保、采收、烘烤、分级六个生产环节。首先,以六个生产环节

的农户生产外包加总为因变量,以分析烟农选择外包的影响因素。构建有序 Probit 模型,烟农生产外包的表达式为:

$$Outsourcing = \theta_0 + \theta_1 M_1 + \theta_2 M_2 + \theta_3 M_3 + \theta_i X_i + \theta_{di} D_i + \mu$$

$$(5.1)$$

其中,$Outsourcing$ 表示烟农在育苗、机耕、植保、采收、烘烤和分级环节生产外包的加总值,M_1 表示交易频率变量,M_2 表示资产专用性变量,M_3 表示环境不确定性变量,它们影响烟农生产外包的选择;X_i 表示控制变量,包括烟农个体和家庭特征,它对烟农生产外包均有影响;D_i 表示区域性因素的一组虚拟变量,反映不同的地理条件、气候及经济发展水平等,等于 1 表示烟农 i 属于该地区,等于 0 表示烟农其他地区;θ_1,θ_2,θ_3,θ_i 和 θ_{di} 为各变量的系数,θ_0 为常数项,μ 为残差项。

2. 不同外包方式的影响因素:双变量模型

根据生产环节对技术和劳动力的要求,我们将植保、采收、分级环节归类为劳动力密集环节,将育苗、机耕、烘烤环节归类为技术密集环节。采用双变量模型(简称 Biprobit 模型),得到如下方程:

$$Outsourcing\_labor^* = \alpha_1 M_1 + \alpha_2 M_2 + \alpha_3 M_3 + \alpha_i X_i + \varepsilon_1 \quad (5.2)$$
$$Outsourcing\_laobr = 1 \ \text{当} \ Outsourcing\_labor^* > 0$$

$$Outsourcing\_tech^* = \beta_1 M_1 + \beta_2 M_2 + \beta_3 M_3 + \beta_i X_i + \varepsilon_2 \quad (5.3)$$
$$Outsourcing\_tech = 1 \ \text{当} \ Outsourcing\_tech^* > 0$$
$$Cov(\varepsilon_1, \varepsilon_2) = \rho_1$$

其中,$Outsourcing\_labor^*$ 表示若烟农 i 在劳动力密集环节选择生产外包,赋值为 1,若未选择外包,则赋值为 0。$Outsourcing\_tech^*$ 表示若烟农 i 在技术密集环节外包,赋值为 1,若未选择外包,赋值为 0。

然后,根据生产环节的数量,将烟农外包的方式归类为全环节包和部分环节外包。采用 Biprobit 模型,得到如下方程:

$$Outsourcing\_total^* = \alpha_1 M_1 + \alpha_2 M_2 + \alpha_3 M_3 + \alpha_i X_i + \delta_1 \quad (5.4)$$
$$Outsourcing\_total = 1 \text{ 当 } Outsourcing\_total^* > 0$$

$$Outsourcing\_partial^* = \beta_1 M_1 + \beta_2 M_2 + \beta_3 M_3 + \beta_i X_i + \delta_2 \quad (5.5)$$
$$Outsourcing\_partial = 1 \text{ 当 } Outsourcing\_partial^* > 0$$

$$Cov(\varepsilon_1, \varepsilon_2) = \rho_2$$

其中,$Outsourcing\_total^*$ 表示若烟农 i 将烟叶生产的所有环节外包给合作社,赋值为 1,若烟农未选择外包,赋值为 0。$Outsourcing\_partial^*$ 表示若烟农 i 将烟叶生产的部分环节(少于六个环节)外包给合作社,赋值为 1,若烟农未选择外包,赋值为 0。

5.2.2　内生性问题的解决

在本章的实证模型中,烟农的经营规模可能是内生的。该变量的内生性主要有三方面原因:第一,烟农的经营规模与生产外包可能存在反向因果关系,即烟农外包可能会反向促进经营规模的增加。威迪明等(2015)对水稻种植户的研究发现,生产外包显著促进了农户土地规模经营的意愿。第二,在模型的构型过程中,可能存在遗漏变量的问题,造成结果偏误。第三,不可观测因素也可能会影响经营规模与生产外包的关系。因此,在本书中采用工具变量法(Liu, et al.,2017;Wooldridge,2014)来解决模型中存在的内生性问题。该方法主要分两步:第一步,建立经营规模的决定方程,包括影响农场规模的其他变量、地区控制变量及工具变量。该工具变量,对经营规模有影响但对烟农外包无直接影响。基于经营规模的决定方程,①获得农场规模的预测值。第二步,将农场规模变量的预测值替代原先的农场规模变量,加入式(5.1)中。农场规模变量的系数估计值就是解决模型内生性问题后系数。本章采用上一年是否发生土地流转这一变量作为烟农经营规模的工具变量,即烟农在上一年的土地流转决策直接影响烟农的种植规模,而对烟农该年的收入没有直接的影响。

5.3　变量的选择与描述性统计

5.3.1　变量的选择与依据

表5.1展示了基于交易成本分析框架,本章选取的影响烟农生产外包的因素。表5.2各因素描述了被解释变量对烟农生产外包的预期影响。

首先,家庭中拥有的烤烟设施和农机设备数量代表物资资产,烟叶生产环节所积累的专用性物质资产越多,这个生产环节内部化

---

① 为简化本章模型,农场规模的决定方程未在本节给出。农场规模包含在式(5.1)M_1变量组中。农场规模的预测值基于OLS模型进行估计。

表 5.1 影响因素的选取及依据——基于交易成本分析框架

衡量维度	描　　述	一级指标	二级指标
资产专用性	资产专用性可由农机设备要素表达的物资资产专用性、土地要素表达的地理资产专用性和劳动力要素表达的人力资产专用性来刻画	物资资产地理资产人力资产	烤烟设施和农机设备数量种烟的专业化程度家庭成员是否有外出务工
不确定性	农业生产往往面临旱涝等自然灾害带来的不可抗力的自然风险、经营过程中需要承担的技术采纳等经营风险和市场交易不确定性形成的市场风险	自然风险信息的可获得性	保险(灾害)的可获得性交通的便捷程度(市场距离)
交易频率	表达为经营规模和由交易频率引发的交易规模及组织规模	规模性	种烟规模土地是否集中连片

资料来源:笔者整理制作。

表 5.2 各因素对烟农生产外包的预期影响

因　素	具体变量	预期影响
交易频率	种烟面积土地是否集中连片	种烟面积越大,烟农越有可能外包;土地越分散,烟农越有可能外包
资产专用性	农机设备的数量种烟占比是否有外出务工经历	家庭农机设备数量越多,烟农越不愿意外包;烟农种烟的专业化程度越高,烟农越有可能外包;若烟农家庭中有成员选择外出务工,烟农越有可能外包
不确定性	购买灾害保险是否困难市场距离	购买灾害保险的烟农越有可能外包;距离市场越远的烟农越有可能外包
烟农个体和家庭特征	户主年龄户主性别户主受教育程度家庭总人口家庭劳动力数量合作社的负责人是否信任合作社	户主越年轻,烟农越有可能外包;以男性为生产经营的主要负责人的烟农越有可能外包;受教育程度越高,烟农越有可能外包;家庭总人口越多,烟农越有可能外包;家庭劳动力数量越多,烟农越有可能外包;户主在合作社有担任一定的职务的烟农越有可能外包;越信任合作社,烟农越有可能外包

资料来源:笔者整理制作。

的倾向就会越强烈。因此,家庭拥有的烤烟设施和农机设备数量越多,烟农越不愿意生产外包(李林,2017)。种烟的专业化程度和家庭成员是否外出务工分别代表地理资产专用性和人力资产专用性。种植的专业化程度越高,烟农更倾向于信任并接受合作社的服务,即更倾向于将生产服务外包给合作社。家庭中成员外出务工抑制了农业生产的劳动力禀赋,因此家庭有外出务工的烟农,更愿意将生产环节外包给合作社。

其次,农业生产的不确定性对烟农生产外包有一定的影响。不确定变量主要包括烟农面临的自然风险和信息的可获得性。具体来说,若烟农难以获得灾害保险,环境不确定性增加,如植保等易受到灾害影响的环节难以定责,则降低了烟农的外包意愿。信息的可获得性主要由市场距离来表示。交通越便利,外包的产生的交易成本就越低,烟农外包就容易获得分工经济带来的边际报酬(陈昭玖、胡雯,2016)。

再次,交易频率变量主要为烟农的种烟规模和土地是否集中连片。经营规模越大,生产的各个环节对于外包的需求更强,越倾向于生产环节外包,且外包的频率高于小规模的烟农。面积相对集中连片的土地,机械化程度更高,更适用于生产服务外包(李龙峰、张应良、湛小梅,2018)。由于烟叶销售价格由政府统一定价,因此本章并不考虑交易频率维度中市场价格对烟农外包的影响。

最后,在有序 Probit 模型中还控制了户主特征和烟农家庭特征变量,具体包括户主年龄、性别、受教育程度、家庭人口数量、家庭劳动力数量,以及户主是否担任合作社负责人。合作社精英通过参与合作社(Abebaw and Haile,2013),更容易获得更多的福利(Liu, et al.,2018),因此更倾向于将烟叶生产环节外包给合作社来完成。张冬平、丁鹭和夏海龙(2007)对农民参与专业合作社意愿的研究发现,具有干部身份的农民更倾向于参与专业合作社。组织信任和承诺也会影响农户是否选择购买合作社服务(Mujawamariya, D'Haese and Speelman,2013)。为控制不同地区对于烟农生产外包的影响,在模型中加入了地区潜变量。

5.3.2 变量的描述性统计分析

表 5.3 展示了本章研究所选取的被解释变量和解释变量。解释变量为烟农在各个生产环节生产外包的加总值。结果表明,育苗、机耕、植保、采收、烘烤和分级六个环节中,受调查烟农在两个环节以上选择了生产外包。被解释变量中,受调查烟农的户均种烟规模为 33 亩,家庭拥有的农机设备数量为 1—2 个,家庭拥有的烤房数量为 2—3 个。受访烟农中,种烟收入在家庭收入的平均占比达 71.5%,49% 的户主有外出务工经历。接近一半的烟农认为难以购买自然灾害保险。烟农到镇中心的平均距离为 24公里。表 5.3 还表明,受调查烟农的平均年龄为 44 岁,平均种烟面积为 33 亩,家庭平均拥有 2—3 个种烟劳动力。10% 的受访烟农在合作社担任理事长、监事会等职位,96% 的受访烟农信任合作社。

表 5.3　变量设定与描述性统计

变量类型	变量名称	变量说明及赋值	样本量	均值	标准差
被解释变量（Out-sourcing）	生产外包	各生产环节烟农外包的加总值	449*	2.595	2.211
交易频率变量（M_1）	种烟面积	家庭总种烟面积，单位:10 亩/户	449	3.33	3.345
	土地是否集中连片	是＝1,否＝0	449	0.37	0.483
资产专用性变（M_2）	农机设备的数量	单位:个	449	1.719	1.699
	烤房数量	单位:个	449	2.78	2.415
	种烟占比	种烟收入占家庭农业总收入的比重(%)	449	71.506	20.17
	是否有外出务工经历	是＝1,否＝0	449	0.494	0.501
不确定性变量（M_3）	购买灾害保险是否困难	是＝1,否＝0	449	0.494	0.501
	市场距离	家庭到镇中心的距离(单位:公里)	449	24.034	24.46
烟农个体和家庭特征（X_i）	户主年龄	单位:周岁	449	43.99	7.489
	户主性别	男＝1,女＝0	449	0.938	0.242
	户主受教育程度	无＝1,小学＝2,初中＝3,高中或中专＝4,大专及本科＝5	449	2.731	0.711
	家庭总人口	单位:人	449	4.626	1.237
	家庭劳动力数量	单位:人	449	2.588	1.076
	合作社的负责人	是＝1,否＝0	449	0.1	0.301
	是否信任合作社	是＝1,否＝0	449	0.969	0.174

注:本章 449 个有效样本为总样本量去除空值并进行控制后的数量。
资料来源:笔者计算。

5.4 实证结果

5.4.1 基本回归结果

表 5.4 展示了各因素对于烟农外包的影响。本章采用有序 Probit 模型进行回归估计,并在模型 2 和模型 4 中加入县级虚拟变量,以控制地区间的异质性。此外,为克服烟农经营规模的内生性问题,我们采用工具变量法对模型进行估计。表 5.4 汇报了上述不同模型的结果。首先,与模型 1 和模型 3 相比,模型 2 和模型 4 加入了地区变量,控制了地区的异质性,结果更加可信和准确。总体而言,模型 2 和模型 4 的边际系数在方向、大小和显著性方面基本一致。其次,采用工具变量法解决经营规模的内生性问题后,在经营规模的回归方程中,通过考察工具变量对烟农的经营规模的影响,我们发现与预期相同,工具变量在 1% 的水平上显著且联合显著性 F 统计量为 1 031.61,大于经验值 10,即工具变量显著影响烟农的经营规模。因此,尽管模型 2 结果有可比性,但本节以模型 4 为主汇报实证结果。

表 5.4 烟农生产外包的影响因素:基本回归结果

解释变量	模型 1 有序 Probit	模型 2 有序 Probit	模型 3 IV	模型 4 IV
交易频率				
种烟面积	0.055 ***	0.097 ***	0.045 **	0.100 ***
	(0.021)	(0.020)	(0.022)	(0.024)
土地是否集中连片	−0.246 **	−0.189	−0.238 **	−0.186
	(0.110)	(0.140)	(0.110)	(0.140)

解释变量	模型 1 有序 Probit	模型 2 有序 Probit	模型 3 IV	模型 4 IV
资产专用性				
农机设备数量	−0.068	−0.165**	−0.060	−0.168**
	(0.063)	(0.078)	(0.064)	(0.076)
烤房数量	−0.036	0.020	−0.035	0.021
	(0.043)	(0.048)	(0.044)	(0.047)
种烟收入占比	−0.006*	−0.004	−0.006*	−0.004
	(0.003)	(0.003)	(0.003)	(0.003)
非农就业	0.059	0.080	0.062	0.081
	(0.110)	(0.128)	(0.113)	(0.128)
不确定性				
难以购买灾害保险	−0.403**	−0.324**	−0.404**	−0.326**
	(0.163)	(0.141)	(0.165)	(0.140)
市场距离①	−0.001	−0.004	−0.001	−0.004
	(0.003)	(0.003)	(0.003)	(0.003)
其他控制变量				
户主年龄	−0.002	−0.006	−0.003	−0.006
	(0.011)	(0.009)	(0.011)	(0.009)
户主性别	−0.148	−0.195	−0.154	−0.195
	(0.179)	(0.201)	(0.178)	(0.202)
户主受教育程度	−0.090	−0.098	−0.085	−0.101
	(0.095)	(0.157)	(0.089)	(0.150)
家庭总人口	−0.076*	−0.007	−0.073*	−0.006
	(0.040)	(0.029)	(0.041)	(0.027)
家庭劳动力数量	−0.018	−0.107*	−0.017	−0.108*
	(0.072)	(0.058)	(0.072)	(0.056)
合作社的负责人	0.517	0.730**	0.515	0.730**
	(0.322)	(0.322)	(0.314)	(0.308)
是否信任合作社	0.297	0.349	0.284	0.359
	(0.356)	(0.361)	(0.369)	(0.373)
地区固定效应	否	是	否	是
样本量	449	449	449	449

注：*、**和***分别表示在 10%、5% 和 1% 水平上显著。模型汇报的是边际系数。将工具变量加入种烟面积的决定方程中，工具变量的联合显著性 F 值为 1 031.61，模型结果本表并未汇报其中。

① 市场距离变量是笔者根据烟农所在的自然村至乡镇中心的距离计算而得。

第一,在控制了其他变量和地区变量后,烟农的经营规模对于外包的影响显著为正,且在1%水平上显著,表明烟农的种烟面积每增加10亩,其外包的可能性将分别上升9.7%和10%。可能的解释为,烟叶种植规模越大的烟农越有可能面临劳动、技术以及专有性资产的紧约束,因此他们对专业化服务需求更强烈(邓蒙芝、李富欣,2016),更加倾向于选择外包。

第二,烟农拥有的专用性资产抑制了专业化服务的实现。表5.4的实证结果表明,烟农家庭拥有的农机设备数量越多,烟农生产外包的可能性就越低。家庭中农机设备的数量每增加一单位,烟农外包的可能性将减少16.8%,且在5%的水平上显著。可能的解释为,农业生产中家庭拥有的专有性资产越多,烟农越可能在机耕等需要使用生产设施的环节自己进行,而不选择将生产服务外包给合作社。在表5.4的模型1中,种烟的收入占比越高,烟农越不愿意生产外包。该结果与我们的预期影响相反。可能的解释为,烟农的种烟专业化程度越高,其生产中对于劳动、资本、技术投入的需求将会更高,因此烟农可能会通过购买生产设施,实现服务自给以降低购买服务的成本和费用。

第三,表5.4的回归结果表明,生产的不确定性对烟农外包有负向的影响。其中,自然风险对于烟农的生产决策有重要影响。在烟叶生产中,烟农主要面临的自然灾害有虫灾、雹灾和旱灾。购买自然灾害保险,烟农可以有效地降低农业生产中的风险和避免自然灾害带来的损失,从而保障农业生产的收入。表5.4的结果显示,未购买农业保险的烟农外包的可能性减少32.6%,即烟农购买灾害保险可以有效提高烟农外包的可能性,且在 5% 水平上显著。

第四,模型估计结果进一步表明,烟农在合作社担任理事长等职务时,其外包的可能性增加 73%,表明参与合作社治理的烟农更愿意外包。可能的解释为合作社精英更愿意购买合作社服务,外包给合作社,以提高烟叶生产的效率。模型 4 的结果还表明,种烟劳动力数量越多,烟农越倾向于自己生产。可能的解释为,烤烟生产中机耕、植保、分级等环节需要大量的劳动力投入,家庭的种烟劳动力越充分,烟农外包的需求越低。

5.4.2　稳健性检验

为检验回归结果的稳健性,本小节采用了其他的估计方法。首先,由于本章的外包是烟农在各生产环节外包的加总值,是一个计数模型,因此采用泊松回归进行稳健性检验,以考察各因素对于烟农外包的影响。表 5.5 中回归结果表明,控制不同地区的差异后,家庭农机设备拥有量等资产专用性强的变量显著抑制了烟农外包。结果还表明,烟农的经营规模越大,越倾向于外包。结果还表明,离镇中心距离越近,烟农获取信息的渠道和机会更多,对农业生产的依附性越低,其外包的可能性越大(Ji, et al., 2017)。其他变量的结果与表 5.5 基本一致。

其次,采用 Probit 模型,笔者将方程(5.1)中生产外包替换为 0—1 变量,若烟农在烟叶生产中选择了外包,赋值为 1,反之则为 0。为解决农场规模与烟农外包互为因果带来的内生性问题,本小节采

表 5.5　烟农外包的影响因素:稳健性检验(1)(泊松回归)

解释变量	模型 1 泊松回归	模型 2 泊松回归	模型 3 IV	模型 4 IV
交易频率				
种烟面积	0.037**	0.057***	0.029*	0.060***
	(0.016)	(0.013)	(0.017)	(0.014)
土地是否集中连片	−0.175*	−0.093	−0.167*	−0.091
	(0.098)	(0.101)	(0.098)	(0.102)
资产专用性				
农机设备数量	−0.085	−0.126*	−0.084	−0.129*
	(0.087)	(0.074)	(0.090)	(0.073)
烤房数量	−0.024	0.008	−0.023	0.010
	(0.035)	(0.028)	(0.035)	(0.027)
种烟收入占比	−0.004	−0.003	−0.004	−0.003
	(0.003)	(0.002)	(0.003)	(0.002)
非农就业	0.046	0.037	0.047	0.040
	(0.088)	(0.074)	(0.090)	(0.074)
不确定性				
难以购买灾害保险	−0.272**	−0.181**	−0.273**	−0.182**
	(0.131)	(0.083)	(0.132)	(0.083)
市场距离	−0.000	−0.003*	−0.000	−0.003*
	(0.002)	(0.002)	(0.002)	(0.002)
其他控制变量	控制	控制	控制	控制
常数项	1.869***	2.025***	1.886***	2.021***
	(0.631)	(0.480)	(0.647)	(0.481)
地区固定效应	否	是	否	是
样本量	449	449	449	449

注:*、** 和 *** 分别表示在 10%、5% 和 1% 水平上显著。

表 5.6　烟农外包的影响因素：稳健性检验（2）（Probit 模型）

解释变量	模型 1 Probit 模型	模型 2 Probit 模型	模型 3 工具变量法	模型 4 工具变量法
交易频率				
种烟面积	0.020 **	0.029 ***	0.017 **	0.031 ***
	(0.009)	(0.010)	(0.008)	(0.011)
土地是否集中连片	−0.032	−0.007	−0.030	−0.006
	(0.039)	(0.041)	(0.039)	(0.041)
资产专用性				
农机设备数量	−0.020	−0.051 *	−0.017	−0.052 **
	(0.027)	(0.027)	(0.028)	(0.026)
烤房数量	−0.012	0.014	−0.012	0.014
	(0.023)	(0.022)	(0.023)	(0.022)
种烟收入占比	−0.003	−0.002	−0.003	−0.002
	(0.002)	(0.002)	(0.002)	(0.002)
非农就业	−0.025	0.001	−0.023	0.001
	(0.050)	(0.053)	(0.050)	(0.053)
不确定性				
难以购买灾害保险	−0.094	−0.052	−0.095	−0.053
	(0.067)	(0.047)	(0.067)	(0.046)
市场距离	0.002	0.001	0.002	0.001
	(0.001)	(0.002)	(0.001)	(0.002)
其他控制变量	控制	控制	控制	控制
地区固定效应	否	是	否	是
样本量	449	393	449	393

注：* 、** 和 *** 分别表示在 10%、5% 和 1% 水平上显著。模型汇报的是边际系数。

纳工具变量法,结果如表 5.6 所示。模型 1 和模型 2 展示了当不考虑地区固定效应和考虑固定效应后,烟农的种烟面积对于其是否生产外包的影响。模型 3 和模型 4 分别为考虑地区固定效应和考虑地区固定效应后,烟农的烟叶种植面积对于其是否外包的影响。表 5.6 展示的种烟面积的边际效应表明,当考虑地区固定效应后,烟农的种烟面积越大,其越可能生产外包。

5.4.3　不同外包方式的分析

为解释烟农在不同环节生产外包的差异性,本小节采用 Biprobit 模型或 Probit 模型,从经营规模这一视角,进一步考察对于不同外包方式对于烟农外包影响。

首先,表 5.7 汇报了各因素对于劳动力密集环节外包和技术密集环节外包的影响。Biprobit 模型中的误差项的协方差 ρ 为 52.81,且这个值在统计检验中并未显示出显著性,意味着没有足够的证据来拒绝零协方差的假设。这表明在模型中,两个误差项之间在统计上是相互独立的,或者它们与其他变量之间不存在显著的线性相关性。因此,本部分展示 Probit 模型的估计结果,而不采用 Biprobit 模型考察影响烟农外包的因素。从表 5.7 可以发现,当其他因素保持不变时,烟农的经营规模显著地促进了烟农外包,且在 1% 水平上显著。在考虑在模型中加入影响不同外包方式的其他变量后,烟农的经营规模仍然显著影响烟农劳动力密集环节外包和技术密集环节外包(见表 5.7 第 4 列和第 5 列)。

表 5.7　经营规模与生产外包:不同外包方式(1)

解释变量	模型 1(Probit 模型)		模型 2(Probit 模型)	
	劳动力密集环节 外包(0—1)	技术密集环节 外包(0—1)	劳动力密集环节 的外包(0—1)	技术密集环节 外包(0—1)
种烟面积	0.039 ***	0.027 ***	0.040 ***	0.027 ***
	(0.010)	(0.009)	(0.010)	(0.009)
是否缺乏劳动力			0.111 **	
			(0.052)	
是否有技术困难				0.036
				(0.120)
其他控制变量	控　制	控　制	控　制	控　制
地区固定效应	是	是	是	是
样本量	449	449	449	449

注:*、** 和 *** 分别表示在 10%、5% 和 1% 水平上显著。模型汇报的是边际系数。

表 5.7 的结果表明,烟农的种烟面积每增加 10 亩,在劳动力密集环节外包的可能性将增加 3.9%。可能的解释为,烟叶生产对劳动力需求量较大及农村地区劳动力外出务工的大背景下,以家庭为生产单位的烟农,倾向于将劳动力需求大的生产环节外包给合作社,以解决烟叶种植过程中劳动力需求不足的问题。接着,笔者在模型中加入了烟农在生产中是否缺乏劳动力变量。表 5.7 第 4 列的结果表明,若烟农在烟叶生产中缺乏种烟劳动力,其外包的可能性将增加 11.1%,且在 5% 水平上显著。

表 5.7 的结果还表明,烟农的种植规模显著影响其在技术密集环节的生产外包。烟农的种烟面积每增加 10 亩,其生产外包的可能性将增加 2.7%。在控制烟农技术水平差别对外包的影响差异后,种烟面积仍然显著影响烟农在技术密集环节的生产外包。可能的

解释为,种烟规模增加对烟叶生产各环节的需求会相对增加,因此烟农会增加在育苗、烤烟等技术要求较高环节生产外包的可能性,以降低生产风险,保障生产质量。

其次,为考察农场规模对于烟农全环节外包和部分环节外包的影响。基于方程(5.5)Biprobit 模型中的误差项的协方差 ρ 为 53.56,且该值在统计检验中并未显示出显著性,两个误差项之间在统计上是相互独立,因此本部分展示的结果基于方程(5.4)Probit 模型,而不选择 Biprobit 模型。表 5.8 的结果表明,当烟农的经营规模增加时,烟农更倾向于全环节外包,而对烟农部分环节外包无显著影响。

表 5.8　经营规模与生产外包:不同外包方式(2)

解释变量	全环节外包(0—1) (Probit 模型)	部分环节外包(0—1) (Probit 模型)
种烟面积	0.035 ***	0.002
	(0.006)	(0.008)
其他控制变量	控制	控制
地区固定效应	是	是
样本量	449	449

注:*、** 和 *** 分别表示在 10%、5% 和 1% 水平上显著。模型汇报的是边际系数。

与烟叶、小麦、玉米等农业生产不同的是,烘烤环节既对烟农家庭的烤烟设施有要求,也对烤烟技术有一定的要求。该环节的烟农外包模式主要成两类:第一种是"包工包料",即在烘烤环节,烟农将烟叶完全包给烟农合作社来完成,包括燃料费用、烤烟服务费用等。第二种是"包工不包料",即烟农自己提供烤烟需要的燃料(煤炭等),仅购买合作社的烤烟服务。基于此,本部分采用 Probit 模型考察农场规模对于烘烤环节的影响。

表 5.9 表明,烟农的种烟面积越大,其越不愿意选择"包工不包料"模式。即当烟农的经营规模较小时,烟农更愿意自己购买烘烤环节的煤炭等燃料,以降低烘烤环节的成本。由于煤炭的价格基于市场价格波动,合作社提供的烤烟服务中的煤炭价格可能因煤炭成本有一定的波动。对于小农户而言,他们可以在市场价格较低的时候购买燃料,仅将烤烟技术要求高的烘烤环节交给合作社的专业技师来完成,以保证烘烤环节的燃料低成本和烤烟的高质量。

表 5.9　经营规模与生产外包:不同外包方式(3)

解释变量	烘烤环节包工包料(0—1) (Probit 模型)	烘烤环节包工不包料(0—1) (Probit 模型)
种烟面积	0.025 ** (0.009)	0.000 (0.003)
其他控制变量	控制	控制
地区固定效应	是	是
样本量	449	449

注:*、** 和 *** 分别表示在 10%、5% 和 1% 水平上显著。模型汇报的是边际系数。

贵州的烤烟生产主要以家庭为单位,农场规模在 20 亩至 50 亩。为考察不同农场规模的烟农差异,本小节将根据烟农的种烟面积,将总样本分为种烟面积 20 亩以下的烟农、20—50 亩的烟农及大于50 亩的烟农,来考察农场异质性影响。表 5.10 结果表明,与小农户(种烟面积 20 亩以下)和大农户(种烟面积 50 亩以上)的烟农相比,以家庭为生产单位的烟农,当其农场规模在 20—50 亩时,种烟面积每增加 10 亩,其生产外包的可能性增加 31.4%。

表 5.10　经营规模与烟农外包:异质性分析

解释变量	模型 1	模型 2	模型 3
		不同农场规模	
	20 亩以下	20—50 亩	50 亩以上
种烟面积	0.049	0.314 ***	0.104
	(0.167)	(0.059)	(0.137)
控制变量	是	是	是
地区固定效应	是	是	是
样本量	172	203	74

注: * 、** 和 *** 分别表示在 10%、5% 和 1% 水平上显著。

5.5　本章小结

本章基于威廉姆森的交易成本分析框架,从资产专用性、不确定性和交易频率三个维度构建了影响烟农生产外包的分析框架。基于贵州烟农的调查数据,采用有序 Probit、Probit 和泊松回归模型,考察了影响烟农生产外包的因素。并从经营规模角度进一步分析了不同外包方式的影响因素。主要结论如下:

第一,资产专用性会显著抑制烟农生产外包。烟农家庭中拥有的农机设备等专有性资产越多,其外包的可能性越低。该结论与现有文献相一致。原因是,物质资产专用性投资越多,在生产用途上的专用性就越强,烟农更倾向于自己生产而不会选择外包。

第二,环境不确定性降低,烟农外包的可能性增加。烟叶生产中自然灾害多发,诸如雹灾、旱灾和虫灾等。烟农若获得了灾害保险,可以有效地降低生产中的环境不确定性,也避免了自然灾害发生时外包难以定责的问题。

第三,烟叶的种植规模显著且正向影响烟农生产外包,即经营规模较大的烟农更倾向于外包。该结果与现有研究一致。

第四,烟农的种烟规模影响不同的外包方式。受制于家庭劳动力禀赋,种植规模越大的烟农在劳动力密集环节外包的可能性高于技术密集环节;种植规模更大的烟农更加依赖于一体化程度更高的全环节外包模式;规模种烟户在烘烤环节更倾向选择"包工包料"。

第6章 烟农生产外包对技术效率的影响分析

上一章基于交易成本分析框架,从资产专用性、不确定性和交易频率三个方面分析影响烟农生产外包的因素。实证结果发现,不同环节的生产外包还存在一定的差异。那么,生产外包对于烟叶的生产会有什么样的影响,不同的生产外包对于烟农的生产效率的影响是否存在差异?基于贵州烟农调研问卷,本章采用随机前沿生产模型(SFA),试图评估烟农的技术效率,进一步探讨烟农的生产外包对于其技术效率的影响。本章基于上一章的实证结果进一步分析不同的外包方式对烟农的技术效率的影响差异。

6.1 生产外包对烟农技术效率的影响机制分析

Banerjee 等(2019)对印度尼西亚的服务外包的研究表明,外包可以有效降低生产环节中的成本,从而提高生产效率和组织绩效。同样,农业生产中的外包,即购买合作社提供的生产服务来替代农民自给服务,在提高农户技术效率方面发挥了重要的作用。

与选择农户自行完成相比,烟农选择将全部或部分环节外包,有两方面的优势。一方面,外包可以满足烟叶生产环节的技术需求,弥补烟农管理能力和技术水平不高的缺陷,从而提高烟农的技术效率水平。专业服务可以帮助缺乏技能的农民克服知识缺乏,提高小农户的管理水平,促进农户的技术效率(Hao,et al.,2018;Ma and Abdulai,2017;Wollni and Zeller,2007)。此外,较高的成本被认为是影响小农户进入生产者市场的关键因素。在技术密集环节的生产外包,可以减少烟农技术水平低、管理能力缺乏带来的不确定性和生产风险,优化烟农生产的要素投入,提高烟农的技术效率(Abebaw and Haile,2013;Hoken and Su,2018;Ito,et al.,2012;Mojo,et al.,2017;Verhofstadt and Maertens,2014;Wollni and Zeller,2007)。

另一方面,大多数烟农对农场用工有巨大需求,生产外包可以克服对劳动力日益增长的需求,并满足生产规模扩大促进烟叶生产。此外,从事非农就业的农民可以将生产环节外包给合作社。因此,烟农可以在生产环节全部或部分选择外包,以减少用工需求,提高烟农的技术效率(Sun,et al.,2018)。

6.2 模型构建

6.2.1 随机前沿生产模型

技术效率的估计方法主要有非参数前沿方法和参数前沿方法

两类。其中,非参数前沿方法以 DEA 方法为主,该方法通常假定不存在随机误差项,因此,任何处于样本前沿的样本观测点的误差会影响效率前沿的准确性,对其他样本的效率估计值也会有一定的影响(谢洪军、任玉珑,2006)。SFA 作为一种参数前沿方法,确定了投入与产出的关系,并考虑的随机误差项。本书不仅考虑了投入与产出直接的关系,还考虑了生产外包对农户技术效率的影响,因此 SFA 更合适。SFA 由 Aigner、Lovell 和 Schmidt(1977)提出,Battese 和 Coelli (1995)进一步扩展了该模型。

在 SFA 中,需选择生产函数的具体形式。目前生产函数的形式多样,主要有柯布-道格拉斯生产函数、超越对数生产函数和常数替代弹性(constant elasticity of substitution,CES)生产函数。其中,超越对数生产函数中包含了投入要素的一次项、二次项和交互项,可以有效地估计烟农的要素投入对于技术效率的影响及投入要素间的替代效应。而柯布-道格拉斯生产函数包含了投入要素的一次项。CES 生产函数仅包括两种投入要素。可见,柯布-道格拉斯生产函数和 CES 生产函数是超越对数生产函数的特殊形式。本章选用较常见的超越对数生产函数估计烟农的技术效率。该模型如下:

$$\ln y_i = \beta_0 + \sum_j \beta_j \ln x_{ij} + 0.5 \sum_j \sum_k \beta_{jk} \ln x_{ij} \ln x_{ik} \quad (6.1)$$
$$+ \sum_m \beta_m D_{mi} + \varepsilon_i, 其中 \varepsilon_i = v_i - u_i$$

其中,y_i 表示可观察到的实际产出,即第 i 个烟农的家庭年种烟总产值;x_{ij} 表示投入要素的一次项;$\ln x_{ij}$、$\ln x_{ik}$ 表示投入要素的二次项和两两交互项,即第 i 个烟农在烟叶生产中投入要素的数量,下标 j 是要素标志;D_{mi} 表示区域性因素的一组虚拟变量,反映不同的地理条件、气候及经济发展水平等,等于 1 表示烟农 i 属于该地区,等于 0 表示烟农其他地区;β 表示待估计系数,且 $\beta_{jk}=\beta_{kj}$,ε_i 为混合误差项,由 u_i 和 v_i 组成;v_i 表示非负随机变量,包含不受管理者控制的因素,u_i 表示烟农 i 的技术非效率水平,该参数值为正表示烟农的技术效率不断下降,参数值为负则表示技术效率不断改善。烟农 i 的技术效率水平(TE_i)由技术非效率(u_i)为:

$$TE_i = \exp(-u_i) \tag{6.2}$$

其中,误差项 u_i 表示烟农由于技术非效率造成的产出损失,且不可观测,并且独立于统计误差 v_i。u_i 的值在 0 到 1 之间,大于 0 表示烟农的技术非效率的水平。采用极大似然法联合估计随机前沿生产模型和技术非效率模型中的参数值。似然函数中的方差参数为 $\gamma=\dfrac{\sigma^2_{\mu_i}}{\sigma^2_{s_i}}$,$\sigma^2_{s_i}=\sigma^2_{\mu_i}+\sigma^2_{v_i}$。过去的研究认为,$u_i$ 和 v_i 之间是同方差(homoskedastic),这种假设会导致估计结果的不一致(Caudill and Ford,1993)。此外,与 v_i 相比,u_i 中的异方差(heteroskedasticity)会带来结果的偏差。因此,根据现有文献,u_i 和 v_i 之间存在异方差。$\sigma^2_{u_i}$ 会受到烟农外包、家庭特征及其他因素的影响,因此:

$$\sigma^2_{u_i} = \exp(\alpha_0 + \alpha_1 \, Outsourcing_i + \alpha_j w_{ji}) \tag{6.3}$$

其中,α_0 为常数项,$Outsourcing_i$ 表示烟农 i 外包的选择,w_{ji} 表示影响烟农技术效率的其他因素,包括户主特征、家庭特征及其他因素,α 表示待估计系数。因此,方程(6.3)为影响烟农技术效率的决定方程。

烟农 i 的各项投入要素的产出弹性由方程(6.1)中的投入要素分别求导得出:

$$\frac{\delta \ln y_i}{\delta \ln x_{ij}} = \frac{\delta y_i}{\delta x_{ij}} \times \frac{x_{ij}}{y_i} = \beta_j + \sum_k \beta_{jk} \ln x_{ik} \tag{6.4}$$

6.2.2 估计策略:采用一步估计法

SFA 有两步估计法和一步估计法两种方法。两步估计法的估计原理是,首先不考虑技术效率的影响因素,估计烟农生产函数和技术效率,然后回归分析影响烟农技术效率的因素。尽管两步估计法在技术效率估计方法的早期较普遍,但是该方法的第一步估计结果存在一定的偏误(Wang and Schmidt,2002)。Battese 和 Coelli (1995),以及 Binam 等(2004)进一步改进了技术效率的估计方法,提出了一步估计法,该方法同时估计了烟农的技术效率水平和影响烟农技术效率的因素。本章采用极大似然估计法对烟农的技术效率和影响技术效率的因素进行估计。

在本章的实证模型中,烟农生产外包与技术非效率之间可能存在互为因果的内生性问题。笔者采用工具变量法,基于烟农外包的决定方程,计算烟农外包的预测值。烟农外包的决定方程为:

$$Outsourcing_i = \delta_0 + \delta_1 Z_i + \delta_j w_{ji} + \gamma_i \tag{6.5}$$

其中 $Outsourcing_i$ 表示烟农 i 生产外包的选择;w_{ji} 表示影响

烟农外包的其他因素,包括户主特征及家庭特征等;Z_i 既是解释变量,也是工具变量;δ 表示待估计系数;γ_i 表示随机误差项。将方程(6.5)中烟农外包的估计值代入技术非效率的决定方程中,得到:

$$Technical\ Inefficiency = \alpha_0' + \alpha_1' Outsourcing_i' + \alpha_j' w_{ji} + \delta_i'$$

$$(6.6)$$

其中,α_1' 表示在考虑模型的内生性问题后,烟农外包对于技术效率影响的估计系数,α' 表示待估计系数。

6.3 变量的描述性统计分析

6.3.1 变量的选择

如表 6.1 所示,笔者选择与烟农的基本家庭特征有关的变量,包括年龄、性别、户主的教育水平和家庭人口数量等。户主年龄可以表明烟农的烟叶种植经验。年龄较大的烟农,从事种烟的时间也会较长,种烟的经验更丰富,因此该烟农的技术效率较高。户主的性别,被定义为家庭的决策者是否为男性。该变量用于比较男性和女性在技术效率上的差异,对技术效率的预期影响可能为正或负(Abdulai and Eberlin,2001)。户主的受教育水平是烟农种烟技能的代理变量。烟叶生产对烟农的技术水平有一定的要求,受教育水平较高的烟农更容易学习种烟技能,改善管理水平和技术水平。因此,户主的受教育水平越高,烟农的技术效率越高。家庭人口数量

表 6.1　解释变量的描述性统计

变量	变量描述	均值	方差
生产外包	烟农在各环节的生产外包加总值	2.595	2.211
户主年龄	户主年龄(年)	43.989	7.489
户主受教育程度	无＝1,小学＝2,初中＝3,高中或中专＝4,大专及本科＝5	2.731	0.711
户主为男性	1＝户主为男性;0＝户主为女性	0.938	N/A
家庭人口	家庭人口数量	4.626	1.237
种植的专业化程度	种烟收入占家庭总收入的比重	71.506	20.17
财富水平	您家收入在村里的水平(从低到高)	3.238	0.743
是否信任合作社	1＝烟农是否信任合作社;0＝其他	0.969	N/A
村级平均生产外包	其他烟农外包的平均值	2.568	1.449

决定了可用且及时的家庭种烟劳动力投入,预期对烟农的技术效率有正向的影响(Abdulai and Eberlin,2001)。

控制变量方面,本章的变量还包括烟农的种植专业化程度。种植的专业化程度是通过烟草种植收入占家庭农业总收入的百分比来表示,种烟收入占比越高,烟农的专业化程度越高。烟农种烟的专业化程度越高,更加依赖各项要素投入,技术效率会高于专业化程度低的烟农。

家庭财富水平是烟农管理能力的指标。具体而言,较富裕的家庭可以通过更多可用资金和更多市场信息来改善生产中的要素投入(Ma,et al.,2017)。此外,家庭财富水平高的烟农在抵抗农业生产风险和优化资源配置方面有较大优势。本小节还控制了烟农对烟农合作社的信任程度。信任或组织承诺对于烟农是否从合作社购买生产性服务密切相关(Rao,et al.,2017)。信任合作社的烟农更愿意将生产外包给合作社(Stallman and James,2017),从而提高烟叶的生产效率。

村级平均生产外包水平是烟农生产外包的工具变量。该变量定义为其他村民外包的平均值[①]。使用村级平均决策变量作为个体决策工具的手段也被用于其他研究(Liu, et al., 2017; Rao, et al., 2017;刘璨、张巍,2007)。Liu 等(2017)在研究农户参与土地股份合作社对于其非农就业的影响时,提出了村内部其他成员是否加入合作社对该农户参与合作社有一定的影响,但是对于该农户参与非农就业没有直接的影响。因此,本书认为,其他烟农生产外包可能对该烟农外包的选择产生影响,但对该烟农的技术效率没有直接影响。

6.3.2　投入与产出的定义

表 6.2 展示了 SFA 中烟农投入要素和产出描述性统计。其中,我们将产出变量的定义为 2013 年烟农家庭种烟总产值。与产量相比,选择农业种植收入作为结果变量,可以将农户生产中由农产品的质量差别(如大小、形状、颜色、硬度等)考虑在内(Cai, et al., 2016)。由于烟农的种烟产出不仅包含的烟叶的产量,还由烤烟和定级环节的烟叶质量决定,因此本章选择的烟农种烟总产值可以代表烟农的产出水平。Ma 等(2018b)采用 SFA 对苹果种植户的技术效率进行估计时,也选择了农产品总产值作为产出变量。由表 6.2可以看出,受访烟农的年种烟总产值约为 71 280 元。

[①]　村级平均外包水平由该烟农所在村其他受访烟农外包的平均值计算而得,该烟农不计算在内。

表 6.2　烟农投入与产出变量的描述性统计

变量	描　　述	均值	标准差
产出	种烟总产值(元)	71 279.570	73 634.830
土地投入	种烟面积(亩)	33.297	33.451
劳动力投入	家庭种烟劳动力数量(人)	2.330	0.767
农机投入	家庭拥有的农机数量(个)	1.719	1.699
物资投入	种子、化肥等农资投入(元)	1 054.147	2 288.937

本书中的投入要素包括土地投入、劳动力投入、农机投入和物资投入。其中,烟农的种植面积表示烟农的土地投入。由于贵州烟农以家庭为主要生产单位,本小节选择家庭种烟劳动力数量代表烟农的劳动力投入。农机投入变量由 2013 年烟农家庭拥有的农机设备的数量表示,包括耕整机、拖拉机和高压喷雾机等。物资投入由 2013 年烟农购买的种子、化肥等农资费用来表示。现有研究表明,SFA 的投入要素中,肥料的使用对烟农产出有显著的影响(Abedullah, et al., 2015；Ma, et al., 2018a),因此本小节将烟农的物资投入放入模型中。

6.4　实证结果

本节首先使用 SFA 估算烟农的技术效率水平及技术效率得分,然后分析烟农生产外包如何影响烟农的技术效率,最后讨论不同的外包方式对烟农技术效率的影响。

6.4.1　技术效率的估计

基于一步估计法的 SFA,本部分采用极大似然估计法估算了烟农投入要素的估计系数,①并计算烟农的技术效率得分。表 6.3 展示了投入要素的估计系数,即投入要素的产出弹性。结果表明,土地投入系数为 0.549,显著性水平为 1%,表明增加 1 亩土地禀赋可以给烟农产出带来 0.549 的变化。劳动力投入也显著影响烟农的产出,且在 1% 的水平上显著。每增加一单位的劳动力投入,烟农产出将增加 8.7%。与预期不一致的是,物资投入和农机投入的系数不显著,且两项投入要素的系数较小。

表 6.3　投入要素的产出弹性

变量	系数	标准误
常数项	11.262***	(0.118)
土地投入	0.549***	(0.042)
劳动力投入	0.087***	(0.027)
农机投入	−0.059	(0.046)
物资投入	−0.016	(0.029)
样本量	449	

资料来源:笔者计算。农机投入、土地投入、劳动力投入和物资投入的估计系数经标准化处理后得到。

基于一步估计法的 SFA,本小节进一步计算烟农的技术效率得分。表 6.4 中的结果显示烟农的技术效率的变化较大,变化范围为 0.047—0.960,平均值为 0.711。

在对烟农技术效率进行测算的基础上,还需要分析烟农的技术效率得分的大致分布情况,观察每个技术效率水平区间上烟农数量,以便开展后续分析。笔者选择核密度估计(kernel density estimation)方法来描绘样本烟农技术效率得分的分布特征。图 6.1 展示了 449

① 本部分使用 STATA15 软件对各项参数进行估计。

户受访烟农技术效率得分的分布。可以看出,烟农技术效率得分在0.6—0.9区间,且呈现明显的单峰状右偏分布特征,说明大部分烟农的技术水平偏高。该趋势与现有文献一致(Zhang,et al.,2016)。

表6.4 烟农的技术效率得分值

	均值	样本量	比重(%)
TE<0.5	0.277	61	13.586
0.5≤TE<0.6	0.548	29	6.459
0.6≤TE<0.7	0.656	54	12.027
0.7≤TE<0.8	0.757	112	24.944
0.8≤TE<0.9	0.854	169	37.639
0.9≤TE	0.918	24	5.345
均值	0.711		
标准误	0.203		
最大值	0.960		
最小值	0.047		
样本量	449		

注:TE表示烟农的技术效率得分值。

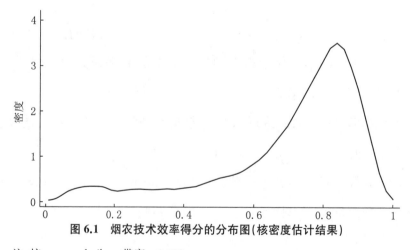

图6.1 烟农技术效率得分的分布图(核密度估计结果)

注:核=epanechnikov,带宽=0.039 p。

6.4.2　基本估计结果

基于 SFA 模型,表 6.5 展示了影响烟农技术非效率的因素。在技术非效率模型中,变量系数若为正,表示相关变量对于技术效率的影响为负,反之,影响为正(Abdulai and Eberlin,2001)[①]。表 6.5第 2 列的结果基于方程(6.3),即未考虑模型内生性问题时生产外包对于烟农技术效率的影响。表 6.5 第 4 列展示了基于方程(6.6),即考虑模型内生性问题时生产外包对于烟农技术效率的影响。本小节主要分析第 4 列的结果。

表 6.5　生产外包与烟农的技术非效率:基本结果

变　　量	技术非效率		技术非效率(工具变量法)	
	系数	标准误	系数	标准误
生产外包	−0.112*	(0.061)	−0.474***	(0.144)
户主年龄	−0.014	(0.017)	−0.017	(0.017)
户主受教育程度	−1.273***	(0.446)	−1.489***	(0.463)
男性户主	−0.095	(0.177)	−0.190	(0.187)
家庭人口	0.141	(0.100)	0.086	(0.102)
种烟的专业化程度	−0.037***	(0.006)	−0.046***	(0.007)
家庭财富水平	−0.253	(0.179)	−0.304	(0.185)
是否信任合作社	−1.197*	(0.634)	−1.498**	(0.647)
常数项	4.526***	(1.482)	7.252***	(1.797)
地区固定效应	控制		控制	
最大似然估计值	−316.502		−321.167	
样本量	449		449	

注:*、** 和 *** 分别表示在 10%、5% 和 1% 水平上显著。技术非效率的系数若为正,表示相关变量对于技术效率的影响为负,反之,影响为正(Abdulai and Eberlin,2001)。生产外包为生产外包决定方程的预测值。

[①]　一步估计法的随机前沿生产函数直接估计技术非效率(u_i)的影响因素[见方程(6.1)]。因此,技术非效率的影响因素的系数若为正,表示该变量对于技术效率的影响为负。反之,该变量对技术效率的影响为正。

与本书的预期一致,烟农外包显著提高了烟农的技术效率。未考虑模型的内生性问题时,烟农外包导致技术效率提高了 11.2%,且在 10% 水平显著。考虑模型中烟农外包与烟农的技术效率之间可能互为因果的内生性问题,采用工具变量法,烟农外包正向促进了烟农的技术效率。表 6.5 第 4 列的结果表明,烟农外包促进其技术效率提高了 47.4%,显著性水平为 1%。该结果与 Sun 等(2018)的研究一致。Sun 等(2018)基于中国水稻种植户的研究发现,在疾病防治环节,稻农外包使水稻产量提高 4.1%。

烟农种烟的专业化程度对其的技术效率有积极影响,该影响在 1% 的水平上显著不为零。烟农的种烟收入占比每增加一单位,可能会使烟农的技术效率提高 3.8%。可能的解释为,如果烟农依赖烟叶生产,在种烟环节会增加更多的土地、劳动力和技术投入,注重优化各项烟叶生产要素,提高其技术效率。

实证结果还表明,烟农对于合作社的信任程度对其技术效率有积极且显著的影响。即信任合作社的烟农更可能选择从合作社购买服务,从而提高农业效率。现有研究表明,信任是组织承诺的重要因素(Hansen,2002)。烟农对合作社越信任,更有可能购买合作社提供的生产性服务,将生产环节全部或部分外包给合作社,从而提高烟农的技术效率(Wollni and Fischer,2014)。

其他控制变量中,烟农的受教育程度对其技术效率有正向影响,表明受过高等教育的烟农的烟叶生产效率较高。说明受教育水平高的烟农更容易学习种烟技能,不断提高管理水平。

6.4.3　不同外包方式分析

在本书中,生产外包是由烟农在各生产环节外包的加总值来定义的。理论上,具有不同环节特征的生产外包对技术效率的影响可能差别很大。正如 Picazo-Tadeo 和 Reig-Martínez(2006)所提到的那样,在劳动力密集环节,人工成本过高是烟农在劳动力密集型环节外包的主要原因。烟叶生产不仅对种烟劳动力有很大的需求,而且对烟农掌握的技术有较高的要求。例如,烘烤环节的技术水平决定了烤烟的质量和定级。对于受教育程度较低的烟农来说,如果烟农在技术密集型生产环节外包,可以有效保证烤烟的质量和完成时间。而对于教育程度低、技术水平不高的烟农,自己完成该环节,其烤烟的质量难以得到保障。

基于本书第 4.2 节对烟叶生产环节的分类,本小节将生产外包分为劳动力密集环节外包和技术密集环节外包。表 6.6 中的实证结果显示,劳动密集型环节的烟农外包服务对其技术效率的影响显著为正,且显著性水平为 5%,即劳动力密集环节的烟农外包能够实现更高的效率(Picazo-Tadeo and Reig-Martínez,2006)。此外,烟农在技术密集环节的生产外包也显著影响烟农的技术效率,且在 5% 的水平上显著不为零。可能的解释为,缺乏技术的烟农更有可能选择外包,以避免自给服务带来的不确定性和生产风险。

接着,本小节进一步考察单项生产环节的烟农外包对于其技术效率的影响。表 6.7 中的结果表明,在育苗、机耕和植保环节,烟农外包对于提高技术效率的影响分别为 61.8%、47.2% 和 57.2%,显著性分别为10％、5％和10％。在育苗环节对育苗技术有较高的要求,因此烟农更有可能外包。此外,育苗环节很容易影响烟叶的后续生产环节。家庭选择购买合作社服务,外包机耕服务,因为大多数农场都是家庭小农场,购买机器的成本很高(Larsén,2010),且雇

表6.6　生产外包与烟农的技术非效率:不同外包方式(1)

变　　量	技术非效率(模型1)		技术非效率(模型2)	
	系数	标准误	系数	标准误
劳动力密集型环节生产外包	−0.297**	(0.150)		
技术密集环节生产外包			−0.269**	(0.126)
常数项	0.457	(2.704)	5.356***	(1.703)
控制变量	控制		控制	
最大似然估计值	−274.959		−286.416	
样本量	449		449	

注:*、**和***分别表示在10％、5％和1％水平上显著。技术非效率模型的系数若为正,表示相关变量对于技术效率的影响为负,反之,影响为正(Abdulai and Eberlin,2001)。

表6.7　生产外包与烟农的技术非效率:不同外包方式(2)

被解释变量	技术非效率	
	系数	标准误
育苗环节生产外包	−0.618**	(0.268)
机耕环节生产外包	−0.472*	(0.265)
植保环节生产外包	−0.572**	(0.284)
收货环节生产外包	−0.227	(0.333)
烘烤环节生产外包	−0.070	(0.257)
分级环节生产外包	−0.219	(0.264)
样本量	449	

注:*、**和***分别表示在10％、5％和1％水平上显著。技术非效率模型的系数若为正,表示相关变量对于技术效率的影响为负,反之,影响为正(Abdulai and Eberlin,2001)。

佣劳动力的交易成本更高(Picazo-Tadeo and Reig-Martínez,2006)。因此,小农户更有可能从合作社那里购买机耕服务(Zhang,Yang and Thomas,2017)。特别是在丘陵地区,植保环节也需要更多的劳动力投入。在喷洒农药环节,合作社可能会使用的喷洒无人机或植保服务队为烟农提供服务,因此在该环节生产外包,可以有效提高生产效率。然而,烟农在采收、烘烤和分级环节生产外包对其技术效率没有显著影响。

6.4.4 稳健性检验

为检验结果的稳健性,本小节尝试了一些其他估计方法。首先,将生产外包定义为0—1变量,变量等于1为烟农在全部或部分环节选择了外包,变量等于0为烟农未选择外包。基于SFA,将烟农是否外包变量纳入技术非效率的决定方程中,考察烟农外包的可能性对于其技术效率的影响。表6.8中的结果表明,烟农生产外包显著提高了技术效率,该结果与表6.5中的实证结果一致。

表6.8 生产外包与烟农的技术非效率:稳健性检验

变 量	技术非效率(总样本)		技术非效率(PSM与SFA相结合)	
	系数	标准误	系数	标准误
生产外包(0—1)	−0.917**	(0.450)	−0.831*	(0.452)
常数项	11.917***	(1.991)	13.180***	(2.233)
控制变量	控制		控制	
最大似然估计值	−476.072		−453.600	
样本量	449		439	

注: *、** 和 *** 分别表示在10%、5%和1%水平上显著。技术非效率模型的系数若为正,表示相关变量对于技术效率的影响为负,反之,影响为正(Abdulai and Eberlin,2001)。

其次,当数据为非面板数据时,估计农户外包对生产效率的影响面临很大的挑战。当数据为截面数据时,可选择合适的匹配方法或其他计量方法(Cavatassi,et al.,2011)。现有研究认为,选择SFA可能会带来样本选择性偏差的问题(González-Flores,et al.,2014)。

为解决烟农外包可能存在样本自选择问题,本小节采用 PSM方法。处理组为选择外包的烟农(是否外包等于1),控制组为未选择外包的烟农(是否外包等于0)。结果变量烟农的技术效率得分由两步估计法的 SFA 的第一阶段计算得到。去除未匹配样本后,得到439 户烟农。接着采用一步估计法的 SFA,得到烟农外包对于其技术效率影响的估计系数。表 6.8 中第 4 列汇报了匹配后的结果。实证结果表明,烟农生产外包显著地促进了其技术效率增加 83.1%,且显著性水平为 10%。该结果与表 6.5 中的实证结果一致。

6.5 本章小结

本章采用一步估计法的 SFA,考察土地、劳动力等要素投入对烟农产出的影响,并估计了烟农的技术效率水平。本章进一步分析了生产外包对于烟农技术效率的影响。为解决模型中可能存在的内生性问题,采用工具变量法控制了可观测因素和不可观测因素的影响。主要结论如下:

第一,土地投入和劳动力投入的产出弹性为 0.549 和 0.087,显著性水平均为 1%。而农机投入和化肥投入对烟农产出的影响不显著,且系数较小。

第二,基于 SFA,本章计算得到贵州烟农的技术效率得分。其中,烟农的平均技术效率得分为 0.711。从分布图看,样本烟农技术效率得分向右倾斜。

第三,烟农外包显著地提高了烟农的技术效率。采用工具变量法,烟农外包促进其技术效率提高了 47.4%,且在 1% 水平上显著。结果还表明,户主的受教育程度、种烟的专业化程度和合作社信任是提高烟农的技术效率的重要因素。

第四,从不同的外包方式看,劳动力密集环节外包和技术密集环节外包对农业效率产生不同的积极影响。从单个生产环节看,育苗环节、机耕环节和植保环节的外包提高了烟农的技术效率。

第7章 烟农生产外包对收入的影响分析

上一章探讨了烟农的生产外包对于其技术效率的影响,并得出结论:生产外包通过要素的合理配置,可以提高烟叶生产的效率。但外包需要支付服务费用,可能会影响烟农的种烟收入。不同的外包方式对烟农收入的影响也可能不同。此外,外包提高了家庭劳动力非农就业的可能,进而影响烟农的非农收入。因此,本章基于贵州烟农调查数据,进一步分析烟农生产外包对收入的影响。

7.1 生产外包对烟农收入的影响机制分析

生产外包可以通过影响烟农生产的烟叶产量、质量(价格)来影响烟农的种烟收入。此外,烟农外包为家庭成员参与非农就业提供了可能,因此外包可能会影响烟农所在家庭的非农收入。图7.1说明了烟农生产外包与其收入的关系。现有的研究证实,生产外包影响收入的第一条途径是影响产量(Hoken and Su,2018;Kumar,et al.,2018;Michalek,Ciaian and Pokrivcak,2018)。这是因为外包增加了农民获得更好的技术和投入的机会。Sun 等(2018)对中国稻农的研究发现,尽管稻农需要付费购买专业化的生产服务,外包提高了水稻的产量。说明外包可以通过改变不同要素投入的组合方式和使用效率来实现产量的增加(González-Flores,et al.,2014)。此外,烟农在技术要求高、劳动力需求高的生产环节选择外包,可以有效地提高其生产效率,进而提高烟农的收入(Gillespie,et al.,2016)。因此,烟农增收的主要驱动因素之一是效率的提高。

第二条途径可解释为,烟农生产外包影响了烟农生产的产品质量,进而影响了产品价格,从而提高了种烟收入。Verhaegen 和 Van Huylenbroeck(2001)认为,区域间的合作降低了交易成本,减少了

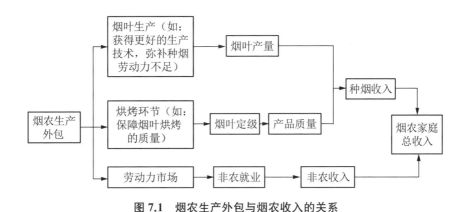

图 7.1　烟农生产外包与烟农收入的关系

资料来源:笔者根据相关资料绘制。

农业生产中过高的劳动投入和农机投入,提高了农户生产的产品质量。在烟叶生产中,烘烤环节的烤烟水平和质量决定了烟叶的质量等级,从而影响烟叶的价格和烟农的收入。烟农从合作社购买烘烤服务,降低了烟叶生产环节的交易成本,保障了生产的产品质量。具体而言,对于烘烤环节经验缺乏、生产规模较大的烟农,在烘烤环节将新鲜的烟叶外包给专业化的烘烤工厂,委托专业的烘烤技师进行烟叶烘烤,可以有效地保障烟叶的烘烤质量,提高烟农的种烟收入。现有研究表明,与散户自行烘烤相比,烘烤环节的生产外包有效地减少了低等烟叶比重,提高了烟叶的质量和生产的可用性,大幅提高了烟农的种烟收入(练华珍,2009)。练华珍(2009)还发现,散户自行烘烤的用工成本比外包的用工成本多 1.6 倍,成本降低了 0.47 元/千克。Hoken 和 Su(2018)的研究表明,水稻生产者较高的产品价格是提高农业收入的主要因素。因此,烤烟质量的提高也可以是烟农增收的驱动因素之一。

第三条途径可解释为,生产外包提高了家庭成员参与非农就业的可能性,从而提高了家庭非农收入。为提高外出务工等的非农收入,小规模面积烟农在掌握农地承包经营权的前提下,通过外包最大程度的合理分配家庭劳动力,实现家庭收入的最大化。当烟农非农就业的工资水平高于烟农服务自给时,烟农更愿意选择生产外包,尤其是在劳动力需求强度大的环节,生产外包可以让家庭劳动力通过长期务工或短工的形式参与劳动力市场,从而提高家庭的非农就业收入。Grossman 和 Rossi-Hansberg(2008)构建的外包理论模型用于分析外包成本下降对要素报酬的影响,认为将简单体力劳动的中间环节外包出去,对外出务工工资所得有一定的影响。因此,烟农外包可能会促进家庭非农收入的增加进而带来家庭总体收入的增加。

7.2 模型构建

7.2.1 生产外包对烟农收入的影响

本书生产外包定义为烟农在各外包加总值,采用 OLS 模型来考察生产外包对烟农收入的影响。烟农收入包括种烟收入和非农收入。首先,估计生产外包对于种烟收入的影响。建立如下计量模型:

$$Outsourcing = \alpha_0 + \alpha_1 X + \alpha_2 Z + \alpha_i D_i + \xi \quad (7.1)$$

$$Farm\_Income = \theta_0 + \theta_1 X + \theta_2 Outsourcing + \theta_i D_i + \mu_1 \quad (7.2)$$

其中,$Farm\_Income$ 表示烟农的亩均种烟净收入,$Outsourcing$ 表示烟农选择了生产外包。α_1 和 α_2 是估计系数,α_0 是常数项,ξ、μ_1 是随机误差项。D_i 表示区域性因素的一组虚拟变量,反映不同的地理条件、气候及经济发展水平等,等于 1 表示烟农 i 属于该地区,等于 0 表示烟农其他地区。

烟农选择烟叶生产外包,提高了参与非农就业的可能性。因此本节还考察生产外包对于烟农非农收入的影响。建立烟农非农收入的决定方程如下:

$$OF\_Income = \sigma_0 + \sigma_1 X + \sigma_2 Outsourcing' + \sigma_i D_i + \mu_3 \quad (7.3)$$

其中,*OF_Income* 表示 2013 年家庭非农就业的总收入,σ 表示待估计系数,X 表示影响烟农非农收入的其他控制变量,包括户主特征、家庭特征等,μ_3 表示残差项。运用上述基准计量模型,就可以对生产外包与烟农收入进行相关性分析。然而,从因果推断的角度,采用 OLS 模型的仍存在一些问题。

如果方程(7.1)的误差项 ξ 与方程(7.2)的误差项 μ_1 不相关,可以使用 OLS 回归来识别烟农生产外包和种烟收入之间的关系。然而,模型中烟农生产外包可能是内生的。该变量的内生性主要有三方面原因:第一,生产外包与种烟收入可能存在反向因果的问题,即种植收入高的烟农可能会反向促使外包。第二,在模型的构型过程中,可能存在遗漏变量的问题,造成估计结果的偏误。第三,不可观测因素也可能会影响生产外包与种烟收入。因此,本节采用工具变量法来解决模型中内生性问题。由于在第一阶段的烟农外包决定方程中,本节选取生产外包加总值和是否外包两个变量。传统的工具变量无法解决第一阶段被解释变量为 0—1 情形,因此本节采用工具变量法(Liu, et al., 2017;Wooldridge, 2014),在第一阶段建立是否选择外包的 Probit 模型,并获得是否外包变量的预测值,纳入第二阶段种烟收入方程中,得到:

$$Farm\_Income = \theta_0 + \theta_1 X + \theta_2 Outsourcing' + \theta_i D_i + \mu_2 \quad (7.4)$$

其中,*Farm_Income* 表示烟农的亩均种烟净收入,*Outsourcing'* 表示方程(7.4)中烟农生产外包的预测值,替代方程(7.2)中的烟农生产外包的原始值,θ_2 是解决模型内生性问题后,烟农生产外包对种烟收入的影响系数。

7.2.2　内生性问题的解决：工具变量的选择

本章选择"该村是否有合作社"作为生产外包的工具变量（Ma，et al.，2018a）。该变量的定义为"您村有烟农合作社吗？"若该村有合作社，烟农更可能购买服务，选择在全部或部分生产环节外包，而对于烟农种烟收入没有直接的影响。即该工具变量仅通过烟农外包来影响种烟收入。为检验工具变量的有效性，将工具变量放入方程(7.2)中，得到：

$$Farm\_Income = \theta_0 + \theta_1 X + \theta_2 Outsourcing' + \theta_3 Z + \theta_i D_i + \mu_3$$

$$(7.5)$$

其中，若工具变量 Z 的系数 θ_3 显著不为零，即工具变量对于烟农收入无显著影响，即模型选取的工具变量有效。

7.3　变量的描述性统计分析

本章的被解释变量为烟农收入，包括种烟收入和非农收入。其中，烟农的种烟收入被定义为 2013 年烟农所在的家庭亩均种烟净收入，由 2013 年烟农亩均种烟总收入减去 2013 年亩均种烟成本（包括雇工成本、土地租金、物资成本和购买服务费用）。现有文献研究考察农户的生产决策的经济影响时，也采用了亩均种烟净收入作为被解释变量。非农收入由 2013 年家庭从事非农就业总收入来表示。

表 7.1 显示,在受访烟农中,亩均种烟净收入的平均值约为 2 519
元,非农收入的平均值为 25 039 元。受调查烟农的平均年龄约为 44
岁。受教育程度均值为 0.938,表明受访烟农教育水平普遍偏低。
种烟规模方面,样本烟农的平均种烟面积约为 33 亩,家庭平均拥有
2—3 个种烟设施。表 7.1 的信息还表明,仅有 38.5% 的烟农获得了
贷款。烟农合作社的覆盖率达 81.5%,即有超过一半受访烟农所在
的村庄有烟农合作社。

表 7.1 变量设定与描述性统计

变量名称	变量说明及赋值	样本量	均值	标准差
亩均种烟净收入	2013 年烟农亩均种烟净收入,单位:元	449	2 518.813	5 674.607
非农收入	2013 年家庭成员非农就业总收入,单位:元	449	25 038.800	43 984.660
户主年龄	户主年龄,单位:周岁	449	43.989	7.489
户主性别	男=1,女=0	449	0.938	0.242
户主受教育程度	无=1,小学=2,初中=3,高中或中专=4,大专及本科=5	449	2.731	0.711
家庭总人口	家庭人口数量,单位:人	449	4.626	1.237
家庭劳动力数量	是=1,否=0	449	2.588	1.076
种烟设施数量	单位:个	449	2.78	2.415
是否获得贷款	是=1,否=0	449	0.385	0.487
种烟劳动力数量	单位:人	449	46.263	156.747
种烟面积	单位:亩	449	33.297	33.451
该村是否有合作社	是=1,否=0	449	0.815	0.389

在控制变量方面,一方面控制了户主特征和家庭特征对烟农收入
的影响,包括户主年龄、性别、受教育程度。户主的年龄和受教育水平
会影响烟农的人力资本,进而对烟农收入产生影响。农户的受教育水
平越高,越有利于农业新技术的采用和生产经营管理水平的提高,进

而提高种烟收入(李文明等,2015)。同时,控制了家庭人口数量、劳动力数量、家庭种烟设施数量、是否获得贷款等变量。此外,还控制了种烟的面积。烟农的种烟规模越大,种烟收入也越高(Gillespie, et al.,2016)。"该村是否有合作社"变量为烟农生产外包的工具变量,这个变量仅通过生产外包来影响种烟收入,对种烟收入没有直接影响。

为考察不同的外包方式对种烟收入的影响,基于本书第4.2节烟农生产外包的分类,本章选取了不同的生产外包变量来估计外包方式的差别对于种烟收入的影响。

表7.2展示了不同外包变量的定义及描述性统计。我们选择了总体外包变量:生产外包加总(0—6)和是否外包(0—1)变量。结果显示,超过60%的烟农在烟叶生产中选择外包,将烟叶生产的全部或部分环节外包给合作社。

表7.2　不同外包方式的选择及描述性统计

变量名称	变量说明及赋值	样本量	均值	标准差
生产外包(0—6)	六个环节生产外包加总值	449	2.595	2.211
是否外包(0—1)	烟农选择外包=1,否=0	449	0.675	0.469
劳动力密集环节外包(0—6)	植保、采收、分级环节生产外包加总值	449	1.089	1.061
技术密集环节外包(0—6)	育苗、机耕、烘烤环节生产外包加总值	449	1.537	1.266
全环节外包(0或6)	全部生产环节选择外包=6;未选择全环节外包=0	449	0.12	0.326
部分环节外包(0—5)	少于六个环节选择外包的烟农加总值	449	0.555	0.498
烘烤环节是否选择"包工包料"(0—1)	选择=1,不选择=0	449	0.301	0.459
烘烤环节是否选择"包工不包料"(0—1)	选择=1,不选择=0	449	0.122	0.328

表 7.2 表明,在六个烟叶生产环节中,烟农选择外包的环节超过 2 个。

7.4 实证结果分析

表 7.3 展示了烟农生产外包对于种烟收入的影响,并考虑了模型中烟农生产外包的可能存在的内生性问题。表 7.3 的模型 1 表明了烟农在各生产环节外包的加总对收入的影响,模型 2 表明了烟农是否外包对于收入的影响。结果发现,基于 Probit 模型和 OLS 模型生产外包方程回归结果与第 5 章一致,这里不做展示。基于外包的决定方程,"该村是否有合作社"这一工具变量在生产外包模型中显著,该工具变量的联合显著性 F 统计量为 16.62,大于经验值 10,即工具变量显著影响烟农生产外包。基于方程(7.5)的实证策略,在烟农收入决定方程中,将工具变量加入方程中,结果显示工具变量对收入的无影响,即工具变量有效。尽管模型 2 的变量系数、显著性与模型 1 一致,表明两个模型的结果有可比性。由于模型 1 中核心被解释变量为各环节生产外包的加总值,与是否外包(0—1)相比,加总值更可以表示烟农的外包程度,而是否生产外包仅表示该烟农生产外包的可能性,因此本节以模型 1 的实证结果为主进行分析。

从表 7.3 模型 1 的回归结果的可以看出,选择生产外包的烟农,其收入增加了约 366 元,该影响正向显著且在 5% 的显著性水平上不为零。与模型 1 的结果相类似,模型 2 中,如果烟农选择生产外包,其收入显著增加了约 774 元,该变量在 5% 显著性水平上不为

表 7.3 生产外包对种烟收入的影响:基本回归结果

变 量	模型 1 亩均种烟净收入(元/亩) 边际系数	模型 2 亩均种烟净收入(元/亩) 边际系数	模型 3 亩均种烟总收入(元/亩) 边际系数	模型 4 亩均种烟总收入(元/亩) 边际系数
生产外包	366.293** (165.549)		571.528** (258.307)	
是否外包(0—1)		773.708** (354.637)		1 207.218** (553.341)
户主年龄	−2.592 (9.511)	−5.586 (9.434)	−4.044 (14.840)	−8.716 (14.720)
户主性别	−282.044 (314.555)	−314.323 (318.867)	−440.075 (490.800)	−490.440 (497.528)
户主受教育程度	186.961 (423.285)	215.768 (423.244)	291.716 (660.453)	336.663 (660.389)
家庭总人口	11.717 (64.044)	65.475 (81.666)	18.283 (99.928)	102.161 (127.424)
家庭劳动力数量	121.349 (106.887)	43.171 (107.762)	189.342 (166.776)	67.360 (168.142)
种烟设施数量	117.229*** (36.389)	108.117*** (34.257)	182.913*** (56.778)	168.696*** (53.451)
是否获得贷款	−157.357 (440.759)	−165.798 (444.965)	−245.524 (687.717)	−258.695 (694.281)
种烟劳动力数量	−0.192 (0.263)	−0.374 (0.268)	−0.299 (0.410)	−0.583 (0.417)
种烟面积	−12.409** (5.579)	−12.969** (5.778)	−19.362** (8.706)	−20.235** (9.016)
地区固定效应	控制	控制	控制	控制
样本量	449	449	449	449

注:*、**和***分别表示在10%、5%和1%水平上显著。模型汇报的是边际系数。烟农生产外包是基于方程(7.1)的预测值。括号内为村层面标准误差。第一阶段工具变量的联合显著性 F 值为 16.62。

零。两个模型的结果表明,烟农的生产外包可以显著增加烟农的亩均种烟净收入。

控制变量方面,家庭拥有的种烟设施越多,烟农的亩均种烟净收入越高。在模型3中,烟农的烤烟设施拥有量对于收入的边际影响约为183元,且在1%的水平上显著为正。烤房等种烟设施的数量越多,表示烟叶种植过程中资产要素投入较多,提高烟农的种烟收入。

与预期不一致的是,烟农的种植规模对其亩均种烟净收入的影响为负,且在5%的水平上显著。可能的解释为,以家庭为主要生产单位的烟农,当农场规模过大时,难以对农场进行有效的管护。贵州的现实情况是,烟农的土地分散且多块,农场规模过大时,增加了烟农在分散地块之间的时间成本(Bizimana,Nieuwoudt and Ferrer,2004),进而影响烟农的种植效率和种烟收入。

为检验本节实证结果的稳健性,我们进一步选择烟农的亩均种烟总收入作为被解释变量,并进一步检验了烟农外包对种烟收入的影响。表7.3中模型3的实证结果表明,烟农选择生产外包显著提高了其亩均种收入,且在5%水平上显著。与模型2中的结果相一致,模型4中烟农若选择了生产外包(生产外包等于1),其亩均种烟总收入也显著提高。模型3和模型4中核心解释变量和控制变量在显著性、大小和方向上与模型1和模型2一致。

7.5　机制检验

本节采用匹配法检验烟农生产外包对于烟农亩均种烟净收入

的影响机制。基于本书第 6 章和第 7 章的实证结果,生产外包可以有效地提高烟农的技术效率和产量,进而提高烟农的收入。此外,生产外包还可以通过将技术要求高的环节外包给合作社,降低环节的风险和不确定性,提高烟叶的产量,进而提高烟农的种烟收入。在烘烤环节与农户服务自给相比,合作社的烘烤水平要好得多。合作社建立了烘烤标准,聘请了熟练的技师,并配备了设备齐全的专业化烤房。烟农外包烘烤环节,以减少烤烟技术不稳定和烤房设备给烟叶带来的质量影响。为检验烘烤环节烟农外包通过提高烟叶质量、保障同等烟叶情况下的烤烟定级,从而提高烟农收入这一影响机制,这里进一步考察烟农生产外包对烟叶质量的影响。

由于烟农在烘烤环节的外包选择并非完全随机,其有可能与种烟规模、家庭特征等变量存在高度的相关性。因此,采用简单的回归估计方法,仍然难以有效剔除选择性偏误对烟叶质量影响效应的干扰,从而难以剥离烘烤环节的生产外包对于烟叶质量提升的因果效应。因此,本节进一步引入匹配法,以分析烘烤环节的生产外包对于烟叶质量的影响。

参照现有文献关于农户选择是否参与合作社研究(Ito, et al., 2012;Mojo, et al., 2017),假设烟农 i 通过比较预期效用选择是否从生产外包中收益。基于效用最大化目标,如果在某一生产环节,烟农 i 生产外包的效用收益大于不选择生产外包的收益,该烟农将该环节外包。虽然不能直接观察效用差异,但烟农生产外包可以用户主及家庭特征等变量来解释。一般来说,烟农 i 选择生产外包的模型可以表示为:

$$Outsourcing\_ky_i^* = \beta_0 + \beta_1 X_i + \gamma_i$$

$$Outsourcing\_ky_i^* = \begin{cases} 1, \text{当 } U_i^o - U_i^{no} > 0 \\ 0, \text{当 } U_i^o - U_i^{no} \leq 0 \end{cases} \tag{7.6}$$

其中,U_i^o 是第 i 个烟农在烘烤环节生产外包的预期效用;U_i^{no} 是烟农不选择外包的预期效用;$Outsourcing\_ky_i^*$ 是一个 0—1 的变量,表示烟农在烘烤环节选择外包的可能性,其中等于 1 表示烟农选择了生产外包,等于 0 表示烟农未选择外包;X_i 是一系列外生变量(包括年龄、受教育程度和家庭人口数量),对烟农外包有影响;β 是待估计系数;γ_i 是假定为正态分布的误差项,且均值为零。

在表 7.4 中,笔者首先采用传统匹配法来考察烘烤环节的烟农外包对于其烟叶质量的影响。传统的随机倾向得分的估计结果表明,烟农在烘烤环节外包可以显著的促进其烟叶质量的提高。与未选择外包的烟农相比,生产外包可以显著的促进烟叶质量提高 11.1%,且在 10% 的水平上显著。

为克服传统倾向得分匹配法带来的不足,笔者进一步采用了基因匹配法,该方法将马氏距离匹配和近邻匹配相结合,进一步提高

表 7.4　生产外包与烟叶质量(匹配法)

变量	处理组	控制组	绝对差异	相对差异	稳健标准误	T 值
倾向得分匹配(近邻匹配)						
烘烤环节是否外包	0.860	0.774	0.086	0.111	0.047	1.831*
基因匹配法						
烘烤环节是否外包	0.860	0.772	0.166	0.214	0.065	2.567***

注:*、** 和 *** 分别表示在 10%、5% 和 1% 水平上显著。

了配对和匹配估计的准确性(Diamond and Sekhon，2013)。表 7.4
展示了匹配后的估计值。结果显示，与未外包烘烤环节的烟农相
比，烘烤环节生产外包的烟农，其收入增加了 21.4%，且在 1% 的水
平上显著。

7.6　不同外包方式分析

本书第 4.2 节分析了烟叶生产中存在不同的外包方式。为考察
不同的外包方式对于种烟收入的影响，本节进行了进一步的分析。
由于在各生产环节，烟农外包与收入之间存在互为因果的内生性的
问题，本节采用工具变量法解决该问题。基于方程(7.2)，笔者首先
建立的生产外包的 OLS 模型，将控制变量、区域变量和工具变量纳
入方程中，获得生产外包的预测值。然后，将烟农外包的预测值重
新纳入烟农收入的决定方程中，替换烟农外包的加总值，从而得到
解决模型内生性问题后的烟农生产外包对亩均种烟净收入边际影
响。本节主要展示了基于上述方法的生产外包的估计值。

首先看表 7.5 的估计结果，模型 1 和模型 2 分别展示了烟农在
劳动力密集环节外包和技术密集环节外包对亩均种烟净收入的边
际影响系数。模型 1 的结果表明，烟农的劳动力密集环节外包，亩均
种烟净收入提高了约 764 元，而模型 2 中，烟农在技术密集环节选择
外包，亩均种烟净收入提高了约 651 元，略低于劳动力密集环节外包
的种烟收益。因此，烟农在劳动力密集环节生产外包，可以获得更
高的收益。

表 7.5 生产外包对种烟收入的影响：不同外包方式(1)

变 量	模型 1		模型 2	
	边际系数	标准误	边际系数	标准误
劳动力密集环节外包	764.080**	(345.333)		
技术密集环节外包			651.270**	(294.347)
户主年龄	−2.496	(9.518)	−3.983	(9.431)
户主性别	−287.697	(315.246)	−273.405	(313.535)
户主受教育程度	258.268	(434.626)	106.302	(413.120)
家庭总人口	11.474	(63.980)	−0.296	(61.031)
家庭劳动力数量	111.893	(106.160)	131.178	(107.817)
种烟设施数量	122.199***	(37.606)	109.893***	(34.779)
是否获得贷款	−137.143	(438.351)	−192.290	(445.331)
种烟劳动力数量	−0.152	(0.267)	−0.211	(0.261)
种烟面积	−12.663**	(5.594)	−11.893**	(5.558)
地区固定效应	控制		控制	
样本量	449		449	

注：*、**和***分别表示在10％、5％和1％水平上显著。模型汇报的是边际系数。括号内为村层面标准误差。

进一步考察全环节外包和部分环节外包对于亩均种烟净收入的影响可知,表 7.6 的结果表明,烟农在全环节生产外包的亩均种烟净收入低于部分环节生产外包获得的亩均种烟净收入。表 7.6 第 2 列的结果表明,烟农选择全环节外包,每增加一个环节,其种烟收入增加约 670 元,且在 5％的水平上显著。相对地,表 7.6 的第 4 列的结果表明,烟农在部分环节选择外包,每增加一个环节,其亩均种烟净收入增加约 809 元。基于本书第 4.3.2 小节对部分环节外包的分析,部分环节的生产外包实现了生产外包与烟农自给的互补,在难以实现自给的生产环节选择生产外包,提高了家庭劳动力、资本等要素投入的有效配置,从而提高了烟农的收入。

表 7.6　生产外包对种烟收入的影响：不同外包方式（2）

变　　量	模型 1		模型 2	
	边际系数	标准误	边际系数	标准误
全环节外包	669.567 **	(302.617)		
部分环节外包			808.698 **	(365.499)
户主年龄	−1.705	(9.583)	−3.663	(9.446)
户主性别	−281.994	(314.548)	−282.105	(314.562)
户主受教育程度	390.419	(460.894)	−58.773	(401.938)
家庭总人口	31.075	(69.519)	−11.663	(58.503)
家庭劳动力数量	220.643 *	(123.518)	1.424	(110.304)
种烟设施数量	139.611 ***	(42.538)	90.197 ***	(31.794)
是否获得贷款	−364.961	(475.043)	93.386	(424.055)
种烟劳动力数量	0.196	(0.343)	−0.659 **	(0.304)
种烟面积	−13.075 **	(5.621)	−11.604 **	(5.550)
地区固定效应	控制		控制	
样本量	449		449	

注：*、** 和 *** 分别表示在 10%、5% 和 1% 水平上显著。模型汇报的是边际系数。括号内为村层面标准误差。

最后，本节试图进一步考察烘烤环节烟农外包对亩均种烟净收入的影响。与笔者预期不一致的是，在烘烤环节烟农选择"包工包料"和"包工不包料"，对亩均种烟净收入的影响均不显著。笔者认为，本章选取的种烟收入变量为烟农的总体收入，难以将某个环节的获得的收入从种烟总收入中分离出来。由于烘烤环节的不同的生产外包对亩均种烟净收入的影响难以准确估计，因此本节未对该结果进行展示。

7.7　进一步分析

本节基于方程（7.3），进一步考察烟农生产外包对于非农收入的影响。表 7.7 中的结果表明,烟农生产外包对非农收入存在正向影响,且在 10％的水平上显著。烟农选择生产外包,为家庭劳动力参与非农就业提供了可能。因此,烟农外包显著促进了家庭非农收入的增加。在其他解释变量中,户主为男性对非农收入的影响是正向的。可能的解释为,男性在劳动力市场中更有竞争优势,可以获得更多的工作机会及更高的工资水平,因此男性户主的非农收入更高。

表 7.7　生产外包对非农收入的影响

变　　量	边际系数	标准误
生产外包	3 466.230*	(1 937.977)
户主年龄	83.469	(222.789)
户主性别	3 887.038**	(1 612.626)
户主受教育程度	−7 452.331	(6 111.330)
家庭总人口	1 497.368	(2 211.521)
家庭劳动力数量	2 388.639	(1 988.189)
种烟设施数量	−374.217	(468.739)
是否获得贷款	7 412.760	(5 273.708)
种烟劳动力数量	11.729	(8.266)
种烟面积	72.255	(55.522)
地区固定效应	控制	
样本量	449	

注:＊、＊＊和＊＊＊分别表示在 10％、5％和 1％水平上显著。模型汇报的是边际系数。括号内为村层面标准误差。

7.8　本章小结

本章估计了烟农生产外包对于种烟收入和非农收入的影响。

为解决生产外包与种烟收入之间可能存在互为因果的内生性问题，笔者采用工具变量法控制了可观测因素和不可观测因素影响烟农生产外包，更加准确地估计了生产外包对于烟农收入的边际影响。此外，本章进一步采用匹配法，检验了外包对于烟农收入的影响机制，并考察了不同外包方式对于烟农收入的边际影响。并考察了烟农外包对非农收入的影响。主要结论如下：

第一，实证结果表明，烟农购买合作社的服务，将生产环节外包给合作社，其亩均种烟净收入显著增加。该结果与现有研究一致，由于劳动力禀赋和烟农技术水平的限制，生产外包有效的优化了烟农的生产投入，保障了烟叶的质量和定级，促进了烟农种烟收入的增加。

第二，本章试图解释了烟农的生产外包对种烟收入的影响机制，一方面，外包改善了烟农的生产要素投入，将部分的生产环节外包给合作社，优化了劳动、技术、农机投入，提高了烟农的生产效率和产量，进而提高了种烟收入。另一方面，在烘烤环节，外包有效地保障了烟叶质量，保障了烟农的产品价格，从而提高了种烟收入。

第三，实证研究还发现，不同的外包方式对于种烟收入的影响有所差异。烟农在劳动力密集环节的外包收益略高于技术密集环节。与第 5 章的实证结果一致，由于种烟劳动力缺乏，烟农更倾向于在劳动力密集环节进行外包。

第四，本章的回归结果还表明，烟农家庭拥有的专有性设施越多，其种烟收入越高。种烟设施的资产专用性较强，具有一定的

"锁定"效应,即种烟的设施投入会正向促进种烟收入的增加。

第五,生产外包还提高了家庭劳动力参与非农就业提供了可能性。实证结果表明,烟农选择生产外包,家庭非农收入显著增加。

第8章 总结与展望

8.1 主要结论

本书以烟农生产外包为研究对象,以贵州的烟叶生产为例,在理论和文献分析的基础上,结合受访烟农的调研问卷,采用工具变量法、匹配法和SFA等计量分析方法,主要探究了以下几个问题:为什么在贵州的烟叶生产出现生产外包,哪些因素决定了烟农外包?烟农的生产外包能否促进其技术效率的提高,不同外包方式对烟农技术效率的影响是否存在差异?烟农外包对其收入的影响怎样,其影响机制怎样?基于上述问题的实证分析,本书得到如下结论:

第一,根据烟叶生产的环节内容、特征和属性,烟农在六个环节的生产外包可细分为劳动力密集环节外包和技术密集环节外包、全环节外包和部分生产外包。从烘烤环节烟农生产外包选择看,可分为烘烤环节"包工包料"和"包工不包料"两种形式。

第二,烟农生产外包的选择是多维因素共同影响的结果。在控制了地区的异质性、户主和家庭特征后,家庭中拥有农机设备等专有性资产越多,烟农更倾向于自己生产而不选择生产外包。烟农获得的灾害保险困难程度影响了烟叶生产的环境不确定性,对是否选择外包有显著影响。从经营规模看,种烟规模更大的烟农,受制于劳动力禀赋限制,更倾向于选择生产外包。从不同外包方式上看,种植规模更大的烟农更加依赖于一体化程度更高的全环节生产外包,并且更愿意在劳动力密集环节选择外包。

第三,采用一步估计法的 SFA 分析表明,烟农生产外包显著提高了烟农的技术效率。此外,户主的受教育水平、种烟的专业化程度及对合作社的信任也是正向影响烟农技术效率的因素。从环节的属性特征看,烟农在劳动力密集环节选择生产外包对于其技术效率的影响略高于在技术密集环节选择生产外包。在劳动力外出务工、种烟劳动力缺乏的大背景下,生产外包可以有效弥补种烟的劳动力投入,是提高烟农的烟叶生产管理和生产效率的重要途径。

第四,生产外包对烟农收入有显著的正向影响。本书进一步解释了烟农外包对种烟收入的影响机制。一方面,生产外包优化了劳动、技术等要素投入,提高了烟农的生产效率和产量,进而提高了种烟收入。另一方面,烘烤环节的生产外包有效地保障了烟叶质量,保障了烟农的产品定级和价格,从而保障了种烟收入。此外,不同的外包模式对于烟农收入的增收效应有所差别。烟农在劳动密集型环节的生产外包收益略高于技术密集环节的生产外包收益。实证结果还表明,烟农生产外包显著提高了家庭的非农收入。

8.2 政策建议与实践启示

8.2.1 对政府政策的建议

第一,政府要充分认识到小农户在现代农业中的作用,完善社会化服务体系,为小农户融入现代农业提供支持。本书研究表明,种植规模显著地促进了烟农的生产外包。随着农户经营规模的扩大,农业生产对信息、资金、机械等生产要素的需求随之增加,且经营风险也明显加大,农户难以独立完成农业生产的各个环节,需要选择生产外包为其提供支撑。然而,小农户由于受教育水平有限、认知能力不足等客观条件的制约,获得信息金融等类的服务渠道受限;而大农户自身经营者素质和运营能力较强,与企业、相关机构或者政策导向联系紧密,小农户与大农户在生产前、生产后环节具有较大差距。此外,小农户的土地细碎多块,外部的生产服务难以有效开展,限制了小农户选择生产外包的可能性。因此,推动小农户融入现代农业,亟须完善社会化服务体系,为农户的全产业链发展提供有力支撑。

第二,政府要推动合作社的有序发展,加强对服务型合作社的补贴力度。在现代农业发展大背景下,小农户要与现代农业发展有机衔接,推动农民增收,需要政府为小农户提供生产性服务、经营性服务和金融性服务。作为小农户组织化核心载体的农民专业合作社扮演着重要角色(徐旭初,2018),为小农户提供生产性服务。根据本书得到结论,农民专业合作社为以家庭为生产单位的农户提供育苗、机耕、植保、采收等生产性服务,提高了农户的收入和技术效率。因此,需要积极推动农民专业合作社的发展。政府可以为合作社的发展提供如下的支持:(1)贯彻落实国家对农民专业合作社的既有扶持政策。(2)加强财政支持力度,提高资金使用效率。具体来说,政府为合作社购买农机设备、生产设施给予财政补贴,帮助合作社发展克服困难,促进合作社的可持续发展。(3)完善信贷环境,加强信贷支持。政府通过政策引导,促进农村金融机构允许合作社或社员以土地抵押、固定资产抵押和信誉等形式获得贷款,给予利率的优惠(罗刚等,2017)。(4)完善监督体系,规范政府的扶持政策和补贴政策,保障政策公开透明。

第三,政府要加大对农业保险的推广力度,增强农民的抗风险能力。本书发现农业生产中的环境不确定性是影响农户外包的重要因素,为此需要完善保险机制。农业生产中,诸如雹灾、旱灾、虫灾等自然灾害的发生给农民的生产带来巨大的损失。农业保险的推广,可以有效规避农业生产风险,稳定农民收入。因此,政府可向农户提供保费补贴,提高农民参保的比重和积极性,为农户优化生产决策创造条件。此外,政府还需加强对农业保险实施的监督力度,监管农业保险理赔的有效性,切实保障农民利益。

第四,政府要加强农业技术推广和完善信息服务,降低生产外包的交易成本。农业技术具有强大的外溢和学习效应,农业技术推广作为农民的一种非正式教育,对促进烟草生产外包具有重要作用。因此,政府需要加强基层农业技术推广的公共服务功能,促进生产外包的稳步发展。具体来说,政府需要做好新品种、新技术、新产品的引进,完善自然灾害、病虫害预测和预防,加强产品质量安全监管,定期为农民提供技术培训,切实履行政府的服务职能。

8.2.2 对合作社实践的启示

第一,合作社要结合自身发展的实际,完善区域专业化服务水平。根据本书的结论,烟农将生产性服务外包给合作社完成,可以提高烟农的技术效率和收入。因此,合作社作为农业社会化服务重要供给主体,需积极提高自身的服务能力,拓宽服务半径,为农户开展农业生产提供专业性服务;合作社需积极拓展专业化服务内容,增加服务规模,降低服务成本,实现规模效益。

第二,合作社需完善服务流程和制度,提高服务效率。根据本书的结论,劳动力缺乏是烟农选择劳动力密集环节生产外包的重要原因。以分级环节为例,与农户服务自给相比,合作社提供的专业化分级服务,有效节省了农户在分级扎把过程中的劳动力,提高了分级效率,减少了分级用工。因此,合作社需提高专业化服务的质量,降低专业化服务成本,减少农户的用工费用;合作社需完善各环节的专业化服务流程,提高专业化服务的效率。

第三,合作社需增强能力建设,为农户创造可能的就业机会。合作社的发展,需不断提高专业化服务队建设水平。根据本书的结论,农户将劳动力需求大、用工成本高的环节外包给合作社,提高了其家庭的非农收入。合作社在机耕、植保、分级等环节建立服务小分队,可选择雇用本村的农户,为选择外包的家庭提供更多就业机会,多渠道增加农民收入。

8.2.3 对农户实践的启示

对于已选择生产外包的农户,要重视农业生产的土地、劳动力等要素投入,优化生产要素,根据农户的农业生产需求,积极转入土地,实现规模效应;要发展多样化种植,降低单一种植带来的生产风险和市场风险,多渠道提高农业收入;要重视合作社的服务功能,强化农户的组织承诺和信任;要根据自身的生产需求,在不同的生产环节选择外包,优化生产策略,促进增收;要积极参与技术培训,提高农户的生产技能和管理技能,保障农产品的质量,进而保障农民收入。

对于未选择生产外包的农户,要以开放包容的心态向规模较大的农户学习生产经验,提高管理能力和水平;要拓宽社会网络,增加信息获取的渠道;在经济条件允许的情况下,结合家庭劳动力禀赋,积极参与土地流转,增加经营规模;增进对合作社的了解,提高组织信任水平;积极参与合作社治理,为提高生产效率和增加农民收入提供可能。

8.3 研究展望

本书以贵州烟叶生产为例,对烟叶生产中的烟农生产外包的选择及影响进行了研究,由于时间、精力和能力有限,本书不可避免地存在一些局限性。

第一,本书聚焦于单一地区的单一产业,在未来的研究中,需要增加研究地区和产业,如水稻、小麦等产业,比较不同地区、不同产业的农户外包的选择和影响,进一步探究地区、产业间的差异性。

第二,本书考察了生产外包对于农户的技术效率、农业收入和烟叶质量的影响,在未来的研究中,需要拓展研究视角,如生产外包对于市场参与、土地流转决策、非农就业及非农收入、农资投入和生产性投资的影响。

第三,本书的研究数据具有局限性。由于时间和资金限制,本书仅有一期烟农调查数据,导致样本范围狭窄。未来有必要进一步跟踪受访农户,进一步深入分析烟叶生产中烟农生产外包的变化和趋势。

附录 贵州烟农调查问卷

尊敬的烟农：为了解各地烟农生产经营和参与专业合作社的实际情况，并为有关部门制定有关政策提供依据和决策参考，省烟叶处和浙江大学中国农村发展研究院组织了本次调查。请您在百忙之中配合此次问卷调查，认真客观地回答所提的问题。我们将对您的回答保密，您的回答不会对您造成任何不利的影响。谢谢您的支持与合作！

被调查种烟农户的类型为(请在选中项前打"√")：

□ **小户**：种烟面积小于 20 亩的种烟农户

□ **大户**：有土地流入但种烟面积在 20—100 亩的种烟农户

□ **超大户**：种烟面积在 100 亩以上的种烟农户

一、被调查烟农所在村的基本情况(请在选中项前打"√"或填上相应信息)

1. 烟农在_____市(州)_____县(市)_____镇(乡)(村)，属于_____基地单元

2. 烟农所在村自然地理特点：① 平原村；② 丘陵村；③ 山区村；④ 其他类型

3. 烟农所在地区是否传统产烟区？① 是；② 否

4. 烟农所在村种烟的农户占全村农户的比例为_____％

5. 烟农所在村烟农平均种植规模为_____亩

6. 烟农所在村烟叶种植面积占总农作物播种面积的比例为_____％

7. 烟农所在村 2013 年农民人均年纯收入_____元

8. 烟农所在村劳动力外出打工是否普遍？① 很普遍；② 比较普遍；③ 不普遍

9. 您所在村种烟农户数与过去相比：① 多了；② 少了；③ 没有变化

二、被调查烟农户户主的基本情况(请在选中项前打"√"或填上相应信息)

1. 年龄：_____周岁_____；　性别：① 男；② 女

2. 文化程度：① 小学以下；② 小学；③ 初中；④ 高中或中专；⑤ 高中以上

3. 目前主要工作：① 以烟叶生产为主；② 以非烟叶生产为主

4. 是否有外出打工的经历？① 有；② 没有

5. 是否有经商的经历？① 有；② 没有

6. 是否担任过乡村干部？① 有；② 没有

7. 其他经历(请说明)：_____

三、被调查烟农家庭的基本情况(请在选中项前打"√"或填上相应信息)

1. 您家的总体收入水平在当地属于哪种情况？

① 很低水平；② 中等偏下；③ 中等水平；④ 中等偏上；⑤ 高水平

2. 被调查者家庭基本情况：

家庭人口	家庭劳动力	从事烟叶生产劳动力	种烟年数(年)	2013 年家庭总收入(元)	2013 年来自烟叶的收入(元)	来自烟叶的收入占家庭年总收入的比例(％)

四、被调查烟农烟叶生产情况(请在选中项前打"√"或填上相应信息)

1. 您家选择种烟的主要原因是？（限选一个）

① 比其他产业收益高；② 种烟收益比较稳定；③ 没有其他更好选择

137

2. 近年来您家种烟面积变化情况

年份	种烟总面积(亩)	其中从别人家流转耕地面积(亩)
2013		
2012		
2011		
2010		
2009		

3. 如果有土地流转,您家土地流转的具体情况:

① 通过亲戚朋友流转_____亩　② 通过周边农户流转_____亩

③ 通过村集体流转_____亩　④ 通过当地政府流转_____亩

⑤ 通过其他途径_____亩

4. 如果需要流转土地,您家最希望通过何种形式流转?(限选一)

① 通过亲戚朋友;　② 自己直接与其他农户谈;　③ 通过村委会;

④ 通过当地政府流转;　⑤ 通过其他途径

5. 如果有土地流转,租用土地有否签书面协议? ① 没有;　② 有

如果有土地流转,土地租用平均时间为_____年

6. 近年来您家所在地土地租金平均变化情况

	2013 年	2012 年	2011 年	2010 年	2009 年
每亩租金					

7. 您家耕种烟地是否集中连片? ① 是;　② 否,土地分散为_____块

8. 目前租地方面您家是否面临困难? ① 不困难;　② 困难

如果有困难,主要有哪些困难?(可多选)

① 土地流入比较困难;　② 集中连片土地少;　③ 流转价格上升太快;

④ 土地流转时间太短;　⑤ 土地续租困难;　⑥ 其他_____

9. 为了种烟,您家已累计投入万元用于购买农机等种烟设施。

10. 您家拥有哪些烟叶生产设备、设施(单位:台)

	拖拉机	耕整机	高压喷雾机	育秧大棚	自建烤房	其他
数量						

11. 您家生产所需要资金主要来源渠道?（可多选）

① 自有资金;　　　　② 亲戚朋友借;　　③ 民间借贷;

④ 信用社借贷;　　　⑤ 银行借贷;　　　⑥ 其他

12. 您家经营过程中有否遇到过资金困难?　① 有;　　② 没有

如果遇到资金困难,您家主要通过什么途径解决的?（可多选）

① 亲戚朋友借;　② 民间借贷;　③ 信用社借贷;　④ 银行借贷;

⑤ 其他

13. 您家从银行贷款困难吗?　① 不困难;　　② 困难

如果银行贷款困难,主要困难有哪些?（可多选）

① 缺乏抵押物;　　　② 授信担保困难;　　③ 手续繁杂;

④ 隐性交易成本高;　⑤ 贷款利息高;　　　⑥ 贷款额度小;

⑦期限太短;　　　　⑧其他

14. 近年来您家种烟每亩用工变化情况?

	2013 年	2012 年	2011 年	2010 年	2009 年
每亩用工数					

15. 您家 2013 年种烟雇工情况:

	临时雇工		常年雇工	
没有雇工	人数_____人		人数_____人	
	每人工资_____（元/天）		每人工资_____（元/月）	

16. 近年来您家所在地雇人平均人工工资变化情况:

	2013 年	2012 年	2011 年	2010 年	2009 年
每天工资(元)					

17. 在用工方面是否面临困难?　① 不困难;　　② 困难

如果有困难,面临的困难有哪些?（可多选）

① 人工工资增加太快;　　② 找不到好的工人;　　③ 其他

18. 您家近年来种烟每亩成本变化情况(单位:亩/元)

年份	物资成本	土地租金	雇工成本	购买服务成本	其他
2013					
2012					
2011					
2010					
2009					

注:① 用工成本=每亩用工天数×当地每天人工工资;请分别注明当年每天人工工资和亩用工数。

19. 您家种烟近年来总成本与收益情况:

	2013 年	2012 年	2011 年	2010 年	2009 年
种烟总成本(元)					
种烟总收入(元)					
种烟净收入(元)					

20. 您家目前在种烟过程中面临的主要问题或困难程度:

(请按问题和困难大小程度在1、2、3、4、5中选一项打"√")

	没有问题	很小	较小	较大	很大
① 农资购买	1	2	3	4	5
② 育苗	1	2	3	4	5
③ 机耕	1	2	3	4	5
④ 植保	1	2	3	4	5
⑤ 烘烤	1	2	3	4	5
⑥ 分级	1	2	3	4	5
⑦ 用工方面	1	2	3	4	5
⑧ 水利设施	1	2	3	4	5
⑨ 土地流转	1	2	3	4	5
⑩ 资金信贷	1	2	3	4	5
⑪ 技术服务	1	2	3	4	5
⑫ 灾害保险	1	2	3	4	5
⑬ 其他	1	2	3	4	5

五、规模化种植(请在选中项前打"√"或填上相应信息)

1. 您认为所在地的家庭种烟年纯收入达到_____万元,才能使种烟者有积极性?

2. 您认为所在地家庭种烟的理想规模应该是_____亩,才能达到满意的收入?

3. 在当前情况下,您认为以您家的能力,您家适合种多少亩烟地比较合适?_____亩

4. 今后,您家的种烟意向如何?

① 希望增加到_____亩;　　　　　② 保持不变;

③ 希望减少到_____亩;　　　　　④ 不想种

5. 如果您希望您家增加种烟面积,其主要原因是什么?_____

① 有足够的流转土地;　　② 有足够的资金;　　③ 有足够的技术;

④ 有足够的管理能力;　　⑤ 有足够的劳动力;⑥ 有烟草公司的支持

⑦ 有很好的服务体系;　　⑧ 其他_____

6. 在扩大烟叶生产规模过程中您家最希望得到哪些支持?(可多项选择)

① 土地租金补贴;　　　　　② 提供农业保险补贴;

③ 农资优惠供应;　　　　　④ 贴息贷款;

⑤ 帮助解决贷款;　　　　　⑥ 帮助转入土地;

⑦ 提供配套设施;　　　　　⑧ 生产过程服务;

⑨ 开展多种经营;　　　　　⑩ 其他(请说明)_____

7. 如果您希望保持现有家庭种烟面积,其主要原因是什么?_____

① 土地难以获得;　　② 资金难以获得;　　③ 扩大规模有风险;

④ 管理能力有限;　　⑤ 劳动力不够;　　⑥ 扩大规模没效益

⑦ 其他原因(请说明)_____

8. 如果您希望减少家庭种烟面积,主要原因是:

① 种植别的作物效益更好;(主要是什么作物:_____,每亩年收入:_____元)

② 每亩土地种烟的产值下降了;

③ 每亩土地种烟的成本提高了;

④ 原有规模太大,忙不过来;

⑤ 配套设施与服务跟不上;

⑥ 其他(请说明)_____

9. 如果您家不打算继续种烟,主要原因是:

① 种烟效益不如种其他农产品;

② 种烟太苦太累;

③ 家里无劳动力;

④ 想外出打工;

⑤ 其他(请说明)

六、烟农社会化服务购买情况(请在选中项前打"√"或填上相应信息)

1. 您家在种烟过程中是否购买过相关服务?这些服务是由谁提供的?您感觉是否满意?

生产与经营环节	是否购买专业化的服务? (请填写√或×)	由谁提供的? (请填写①至②选项)	是否满意? (请填写√或×)
① 物资配送			
② 育苗			
③ 机耕			
④ 植保			
⑤ 采收			
⑥ 烘烤			
⑦ 分级			

注:"由谁提供"包括以下选择,① 合作社;② 其他(请在表中注明)。

2. 今后,您家希望能在哪些生产与经营环节中得到专业化的服务?

请按期望程度从高到低排序:_____

① 物资配送;② 育苗;③ 机耕;④ 植保;⑤ 采收;⑥ 烘烤;

⑦ 分级;⑧ 运输;⑨ 其他(请说明)_____

3. 您家是否愿意把专业化服务交由综合服务合作社或专业服务社

（队）来完成？

项目	意愿	已由合作社（队）完成部分	具体数额	所占比例
育苗	□愿意　□不愿意	□全部　□部分　□没有	亩	％
物资配送	□愿意　□不愿意	□全部　□部分　□没有		
机耕	□愿意　□不愿意	□全部　□部分　□没有	亩	％
植保	□愿意　□不愿意	□全部　□部分　□没有	亩	％
采收	□愿意　□不愿意	□全部　□部分　□没有	亩	％
烘烤	□愿意　□不愿意	□全部　□部分　□没有	亩	％
分级	□愿意　□不愿意	□全部　□部分　□没有	亩	％

4. 种植规模达到多少时，您才肯真正把专业化服务交由综合（专业）服务社（队）来完成？

项目	种植规模达到_____亩时，我才愿意交由合作社（队）来完成
育苗	A. 10 亩及以下　B. 11—14 亩　C. 15—30 亩　D. 31—100 亩　E. 100 亩及以上
机耕	A. 10 亩及以下　B. 11—14 亩　C. 15—30 亩　D. 31—100 亩　E. 100 亩及以上
物资配送	A. 10 亩及以下　B. 11—14 亩　C. 15—30 亩　D. 31—100 亩　E. 100 亩及以上
植保	A. 10 亩及以下　B. 11—14 亩　C. 15—30 亩　D. 31—100 亩　E. 100 亩及以上
烘烤	A. 10 亩及以下　B. 11—14 亩　C. 15—30 亩　D. 31—100 亩　E. 100 亩及以上
采收	A. 10 亩及以下　B. 11—14 亩　C. 15—30 亩　D. 31—100 亩　E. 100 亩及以上
分级	A. 10 亩及以下　B. 11—14 亩　C. 15—30 亩　D. 31—100 亩　E. 100 亩及以上

5. 如果不愿意把服务交由综合服务合作社或者专业服务社（队）完成，主要原因是：

① 自家劳动力能够解决；　② 服务价格太高；　③ 服务质量不好；

④ 不信任合作社（队）

七、被调查烟农对发展合作社的看法（请在选中项前打"√"或填上相应信息）

1. 您了解烟农专业合作社是如何运作的吗？（单选）

① 没有听说过； ② 听说过,但不了解； ③ 有点了解； ④ 比较了解； ⑤ 很了解

2. 您家附近是否已经成立了烟农专业合作社? ① 是； ② 否

3. 您认为有必要发展烟农自己的合作社吗?

① 没必要。如认为"没必要",请说明原因_____；

② 如认为"有必要"请继续问答**以下问题:**

4. 您认为目前最需要发展哪种类型服务的烟农专业合作社?（单选）

① 提供生产服务的合作社； ② 提供技术和信息的服务合作社；

③ 提供资金和保险服务的合作社;④ 提供综合性服务的合作社

5. 您认为目前发展烟农专业合作社主要困难有哪些?（限选三项）

① 人心不齐,难以组织； ② 没有好的合作社带头人；

③ 政府支持力度不大； ④ 农民不知道该如何组织；

⑤ 合作社运行成本高； ⑥ 其他（请说明）

6. 您认为目前应该由谁来牵头组织烟农合作社比较适合?

（请按适合程度大小在 1、2、3、4、5 中选一项打"√"）

	很不适合	不适合	较适合	适合	很适合
① 种烟大户	1	2	3	4	5
② 村干部	1	2	3	4	5
③ 烟站	1	2	3	4	5
④ 政府部门	1	2	3	4	5
⑤ 其他能人（请说明）____	1	2	3	4	5

7. 您家目前有没有参加烟农专业合作社?

① 没有参加,如没有参加,请说明原因：

A. 附近没有合作社可参加；

B. 自己规模太小不符合加入条件；

C. 已有合作社办得不好,参加好处不大；

D. 其他原因（请说明）_____

② 已参加。**请继续回答以下问题**

八、被调查烟农参与烟农合作社的情况(请在选中项前打"√"或填上相应信息)

1. 您所参加的烟农合作社名称为:_____,加入时间为:___年___月

2. 您以下列哪种方式加入该合作社?

① 现金入股(股金_____元,按照_____元/股计算,共有_____股,约占总股金_____%);

② 自带农机具(折价_____元,共有_____股,约占总股金_____%);

③ 入社费(收取_____元/人);

④ 行业补贴资产折价入股_____;

⑤ 育苗工场、烘烤工场占用土地折价入股(折价_____元/亩,共有_____股,约占总股金_____%);

⑥ 土地入股(折价_____元,共有_____股,约占总股金_____%);

⑦ 其他(请说明)_____

3. 您家是通过什么途径参与烟农专业合作社的?

① 政府动员; ② 合作社动员; ③ 烟站动员;

④ 村委会动员; ⑤ 自己主动参加; ⑥ 朋友帮助

4. 您加入合作社,最期望从合作社得到什么好处?(请在选中处打"√")

① 获取优质低价的专业化服务; ② 解决劳动"用工难"问题;

③ 解决烟叶生产中技术难题; ④ 解决农资采购与配送问题;

⑤ 通过入股获取一定的分红; ⑥ 获得更高的种烟收入;

⑦ 其他原因(请说明)_____

5. 您目前在所参加的合作社中的身份是:(可多选)

① 理事长; ② 理事会成员; ③ 监事长;

④ 监事会成员; ⑤ 普通社员; ⑥ 兼职财务会计人员;

⑦ 专业队队长； ⑧ 专业队队员； ⑨ 其他(请说明)_____

6. 您所参与的烟农专业合作社主要是由谁发起的？

① 种烟大户； ② 烟站人员； ③ 回乡创业人员；

④ 村委会成员； ⑤ 农技部门； ⑥ 政府部门；

⑦ 退休人员； ⑧ 其他(请说明)_____

7. 您所参与烟农专业合作社覆盖范围包括：

① 本村； ② 本村及邻近村； ③ 其他乡镇； ④ 其他县

8. 您对所参加的烟农专业合作社社员的熟悉程度如何？

① 熟悉全部社员； ② 熟悉部分社员； ③ 熟悉很少社员； ④ 不熟悉

9. 您对所参与的烟农专业合作社社长的熟悉程度如何？

① 不熟悉； ② 比较熟悉； ③ 很熟悉； ④ 不熟悉

10. 您所参与的烟农专业合作社是否开过社员(代表)大会？□有；□没有

每次会议有否详细的会议记录？□有； □没有

如果举行过,具体为_____次/年,您参与了其中的_____次。

11. 您所参与的合作社社员(代表)大会、理事会、监事会实行哪种表决方式？

① 一人一票； ② 一股一票； ③ 一人一票,但有附加表决权,不超过总投票数的20%

项目	合作社开展服务价格	市场价	差额
育苗	_____元/亩	_____元/亩	
机耕	整地_____元/亩;起垄_____元/亩	整地_____元/亩;起垄_____元/亩	
植保	统防统治_____元/亩*次	统防统治_____元/亩*次	
烘烤	_____元/杆	_____元/杆	
分级	_____元/千克干烟	_____元/千克干烟	

12. 您所参与的烟农专业合作社近年是否有过盈余？□有；□没有；如

果有过盈余,近年是否有过分配? □有;□没有;如果有过分配,您个人分配总额为_____元,其中按交易量分配_____元,按股金分配_____元,资产量化份额分配_____元,其他分配(请说明)_____

13. 您对目前由烟农专业合作社(队)开展的服务的满意程度如何?(请打"√")

项目	满意度评价				
	很不满意	不满意	基本满意	满意	很满意
物资配送					
育苗					
机耕					
植保					
采收					
烘烤					
分级					

14. 参与烟农专业合作社以后,您家在烟叶生产方面发生了哪些变化?(请填空或打"√")

变化项目	变化效果	具体数值
亩产有无提高?	A. 提高了　B. 降低了　C. 没有变化	提高或降低_____斤/亩
减工降本如何?	A. 提高了　B. 降低了　C. 没有变化	降低或降低_____工/亩;_____元/亩
烟叶平均售价有否提高?	A. 提高了　B. 降低了　C. 没有变化	提高或降低_____元/斤
烟叶等级质量有否提高?	A. 提高了　B. 降低了　C. 没有变化	上中等比率提高或降低_____%
种烟收入有否提高?	A. 提高了　B. 降低了　C. 没有变化	提高或降低_____%

15. 您认为影响烟农专业合作社进一步发展的因素主要有哪些?(请打"√")

影响因素	影响程度				
	没有影响	有点影响	较大影响	影响大	影响很大
社长的素质与领导力					
核心成员素质与能力					
普通社员的支持程度					
合作社资金充足程度					
每个社员的种植规模					
当地政府的支持力度					
烟草行业的支持力度					
烟农对合作社的认识					
合作社的社员人数					

16. 您对烟农专业合作社发展前景的看法：

① 很不看好；　② 不太看好；　③ 很难预料；　④ 看好；　⑤ 很看好；　⑥ 不知道

被调查烟农姓名_____联系电话_____

调查者姓名_____联系电话_____

调查时间_____

署名_____

当前日期_____

参考文献

[1] 蔡荣、蔡书凯:《农业生产环节外包实证研究——基于安徽省水稻主产区的调查》,《农业技术经济》2014 年第 4 期。

[2] 曹峥林、姜松、王钊:《行为能力、交易成本与农户生产环节外包——基于 Logit 回归与 csQCA 的双重验证》,《农业技术经济》2017 年第 3 期。

[3] 陈超、黄宏伟:《基于角色分化视角的稻农生产环节外包行为研究——来自江苏省三县(市)的调查》,《经济问题》2012 年第 9 期。

[4] 陈超、李寅秋、廖西元:《水稻生产环节外包的生产率效应分析——基于江苏省三县的面板数据》,《中国农村经济》2012 年第 2 期。

[5] 陈思羽、李尚蒲:《农户生产环节外包的影响因素——基于威廉姆森分析范式的实证研究》,《南方经济》2014 年第 12 期。

[6] 陈训波、武康平、贺炎林:《农地流转对农户生产率的影响——基于 DEA 方法的实证分析》,《农业技术经济》2011 年第 8 期。

[7] 陈玉萍、吴海涛、陶大云、Sushil, Pandey、徐鹏、胡凤益、丁士军、王怀豫、冯璐:《基于倾向得分匹配法分析农业技术采用对农户收入的影

响——以滇西南农户改良陆稻技术采用为例》,《中国农业科学》2010
年第1期。

[8] 陈昭玖、胡雯:《农地确权、交易装置与农户生产环节外包——基于"斯
密—杨格"定理的分工演化逻辑》,《农业经济问题》2016年第8期。

[9] 仇童伟:《自给服务与外包服务的关联性:对农业纵向分工的一个理论
探讨》,《华中农业大学学报(社科)》2019年第1期。

[10] 邓蒙芝、李富欣:《烟农对专业化服务采纳的行为研究——基于资源
基础和交易成本的视角》,《中国烟草学报》2016年第3期。

[11] 邓蒙芝:《1978～2012年中国烤烟生产重心演变轨迹及其驱动机制研
究》,《中国农业资源与区划》2015年第4期。

[12] 段培、王礼力、罗剑朝:《种植业技术密集环节外包的个体响应及影响
因素研究——以河南和山西631户小麦种植户为例》,《中国农村经
济》2017年第8期。

[13] 段培:《农业生产环节外包行为响应与经济效应研究》,西北农林科技
大学,2018年。

[14] 符云鹏、刘国顺、韩富根、赵献章、刘清华、郝伟宏:《磷肥种类及用量
对烤烟生长及产量、质量效应的研究》,《河南农业大学学报》1998年
第4期。

[15] 郭晶晶、陈雪、黄化刚、代昌明、赵翠萍:《烟农规模化种植意愿及影
响因素分析——基于毕节威宁烟区253户烟农调研数据二》,《技术
与创新管理》2014年第4期。

[16] 国家烟草专卖局:《全国烟农专业合作社建设座谈会——典型交流材
料汇编》,2012年。

[17] 韩俊:《以习近平总书记"三农"思想为根本遵循实施好乡村振兴战
略》,《管理世界》2018年第8期。

[18] 何命军、周世民:《烤烟专业化分级散叶收购模式的探索与实践》,《湖
南农业科学》2013年第3期。

[19] 贺雪峰、印子:《"小农经济"与农业现代化的路径选择——兼评农业现代化激进主义》,《政治经济学评论》2015 年第 6 期。

[20] 胡向丹、丁福章、吴流玉、王丰、马莹、郭亚利、兰树彬:《烤烟种烤分离生产模式对其经济效益和生产质量的影响》,《贵州农业科学》2012 年第 49 期。

[21] 华春林、陆迁、姜雅莉、理查德·伍德沃德:《农业教育培训项目对减少农业面源污染的影响效果研究——基于倾向评分匹配方法》,《农业技术经济》2013 年第 4 期。

[22] 黄维、崔国民、赵高坤、孙永华:《烟叶采收成熟度对产值量及烟叶品质的影响》,《湖南农业大学学报(自然科学版)》2009 年第 10 期。

[23] 季柯辛、乔娟:《农业技术外包的生产率效应及其发生机制:以生猪良种外包为例》,《华南理工大学学报(社会科学版)》2016 年第 4 期。

[24] 李谷成、冯中朝、范丽霞:《小农户真的更加具有效率吗? 来自湖北省的经验证据》,《经济学(季刊)》2010 年第 9 期。

[25] 李谷成、李烨阳、周晓时:《农业机械化、劳动力转移与农民收入增长——孰因孰果?》,《中国农村经济》2018 年第 4 期。

[26] 李红:《生产经营型农民合作社对农业发展与农民收入的影响及对策研究》,东北农业大学,2018 年。

[27] 李林:《规模农户水稻生产环节采用机械化服务行为的影响因素》,浙江农林大学,2017 年。

[28] 李霖、郭红东:《产业组织模式对农户种植收入的影响——基于河北省、浙江省蔬菜种植户的实证分析》,《中国农村经济》2017 年第 6 期。

[29] 李龙峰、应良、湛小梅:《农业分工与生产社会化驱动研究——水稻育秧农户外包行为分析》,《农村经济》2018 年第 6 期。

[30] 李尚蒲、罗必良、胡新艳、陈思羽:《地权细分、交易特性与种植业生产环节外包的意愿决定——来自农户和专家的问卷调查》,《制度经济学研究》2017 年第 1 期。

［31］李伟、向鹏华、张大伟:《新型烟草有机肥对烤烟生产质量的影响》,
　　　《作物研究》2015 年第 5 期。

［32］李文明、罗丹、陈洁、谢颜:《农业适度规模经营:规模效益、产出水平
　　　与生产成本——基于 1 552 个水稻种植户的调查数据》,《中国农村经
　　　济》2015 年第 3 期。

［33］李寅秋:《农业生产环节外包效益及供求实证研究——以水稻为例》,
　　　南京农业大学,2012 年。

［34］练华珍:《烟草专业化集中烘烤与农户分散烘烤效益的比较》,湖南农
　　　业大学,2009 年。

［35］刘璨、张巍:《退耕还林政策选择对农户收入的影响——以我国京津
　　　风沙源治理工程为例》,《经济学(季刊)》2007 年第 6 期。

［36］罗必良:《农地流转的市场逻辑——"产权强度-禀赋效应-交易装置"
　　　的分析线索及案例研究》,《南方经济》2014 年第 5 期。

［37］罗刚、高华军、韦忠、邓明军、王俊锋、罗勤站、赵振峰、黄福章:《百
　　　色烟区烟农专业合作社建设的探索与思考》,《作物研究》2017 年第
　　　3 期。

［38］吕耀福:《农户农业外包服务需求及其影响因素研究》,四川农业大
　　　学,2013 年。

［39］马浩东:《提高贵州烤烟质量的几点技术意见》,《中国烟草科学》1986
　　　年第 2 期。

［40］孟德锋、张兵、刘文俊:《参与式灌溉管理对农业生产和收入的影
　　　响——基于淮河流域的实证研究》,《经济学(季刊)》2011 年第
　　　10 期。

［41］孟德锋、张兵:《灌溉管理、农户参与和农业生产技术效率——基于淮
　　　河流域经验数据的随机前沿分析》,科斯与中国"暨庆祝罗纳德·科
　　　斯教授百岁华诞学术研讨会",2010 年。

［42］戚迪明、杨肖丽、江金启、张广胜:《生产环节外包对农户土地规模经

营的影响分析——基于辽宁省水稻种植户的调查数据》,《湖南农业大学学报(社会科学版)》2015年第3期。

[43] 恰亚诺夫:《农民经济组织》,中央编译出版社1996年版。

[44] 钱静斐、陈志钢、Mateusz F.、王建英:《耕地经营规模及其质量禀赋对农户生产环节外包行为的影响——基于中国广西水稻种植农户的调研数据》,《中国农业大学学报》2017年第9期。

[45] 申红芳、陈超、廖西元、王磊:《稻农生产环节外包行为分析——基于7省21县的调查》,《中国农村经济》2015年第5期。

[46] 申红芳:《水稻生产环节服务外包实证研究》,南京农业大学,2014年。

[47] 孙顶强、Asmelash M.、卢宇桐、刘明轩:《作业质量监督、风险偏好与农户生产外包服务需求的环节异质性》,《农业技术经济》2019年第4期。

[48] 唐莉娜、熊德中:《有机肥与化肥配施对烤烟生长发育的影响》,《烟草科技》2000年第10期。

[49] 王建:《村庄非农化、社会资本与农民家庭收入》,《华南农业大学学报(社会科学版)》2019年第2期。

[50] 王建英、黄祖辉、陈志钢、托马斯·里尔登、金铃:《水稻生产环节外包决策实证研究——基于江西省稻农水稻种植数据的研究》,《浙江大学学报:人文社会科学版》2018年第2期。

[51] 王鹏、霍学喜:《一个探索农民退社行为的理论及实证分析框架——来自渤海湾苹果优势区367户退社果农调查数据的分析》,《中国农村观察》2011年第5期。

[52] 王彦亭、谢剑平、李志宏:《中国烟草种植区划》,科学出版社2010年版。

[53] 王震、刘伟平、翁凝:《基于计划行为理论的农户行为研究及展望》,《内蒙古农业大学学报(社会科学版)》2015年第6期。

[54] 王志刚、申红芳、廖西元:《农业规模经营:从生产环节外包开始——

以水稻为例》,《中国农村经济》2011 年第 9 期。

[55] 谢洪军、任玉珑:《技术效率研究中的前沿分析方法及其比较》,《科技管理研究》2006 年第 8 期。

[56] 徐飞宇:《农业技术需求对农业生产环节外包的影响》,南京农业大学,2013 年。

[57] 徐旭初:《合作社是小农户和现代农业发展有机衔接的理想载体吗?》,《中国合作经济》2018 年第 11 期。

[58] 许晓敬、黄海棠、杨立均、郝浩浩、王发展、许自成:《不同采收方式对烤烟上部叶内在品质的影响》,《西北农林科技大学学报(自然科学版)》2019 年第 11 期。

[59] 袁佳、陈光辉、陈叶君:《遵义县烤烟专业化分级散叶收购模式探索》,《作物研究》2012 年第 11 期。

[60] 苑德宇、宋小宁:《公共政策评估的计量经济学方法运用刍议》,《财经智库》2018 年第 3 期。

[61] 臧运卓、毕延浩:《迈向高质量展现新作为》,《东方烟草报》2023 年 1 月 1 日。

[62] 张冬平、丁鹭、夏海龙:《基于 Logit 模型下农民加入专业合作社的意愿分析》,《河南农业大学学报》2007 年第 3 期。

[63] 张海鑫、杨钢桥:《耕地细碎化及其对粮食生产技术效率的影响——基于超越对数随机前沿生产函数与农户微观数据》,《资源科学》2012 年第 5 期。

[64] 张杰、周玉玺、张玲:《不同垂直协作方式下农户风险认知与决策行为差异分析——基于对山东省 375 户肉鸡养殖户的问卷调查》,《新疆农垦经济》2014 年第 3 期。

[65] 张燕媛、张忠军:《农户生产环节外包需求意愿与选择行为的偏差分析——基于江苏、江西两省水稻生产数据的实证》,《华中农业大学学报(社会科学版)》2016 年第 12 期。

［66］张嫄嫄、苏新宏、何雷、吕嘉伟、袁苗:《我国烤烟生产区域布局的变迁及其成因分析》,《河南科学》2017 年第 3 期。

［67］张忠军、易中懿:《农业生产性服务外包对水稻生产率的影响研究——基于 358 个农户的实证分析》,《农业经济问题》2015 年第 10 期。

［68］张忠军:《土地细碎化对水稻生产性服务外包效应的影响研究》,南京农业大学,2015 年。

［69］郑文琦:《技术外包模式在农业技术推广中的应用研究》,《吉林农业科学》2008 年第 3 期。

［70］Abdoulaye, I. D., and J. H. Sanders, 2013, "A Matching Approach to Analyze the Impact of New Agricultural Technologies: Productivity and Technical Efficiency in Niger", 2013 Annual Meeting, August 4 - 6, Washington, DC, Agricultural and Applied Economics Association, 2013.

［71］Abdulai, A. N., and A. Abdulai, 2017, "Examining the Impact of Conservation Agriculture on Environmental Efficiency among Maize Farmers in Zambia", *Environment and Development Economics*, 22, 177 - 201.

［72］Abdulai, A., and R. Eberlin, 2001, "Technical Efficiency During Economic Reform in Nicaragua: Evidence from Farm Household Survey Data", *Economic Systems*, 25, 113 - 125.

［73］Abebaw, D., and M. G. Haile, 2013, "The Impact of Cooperatives on Agricultural Technology Adoption: Empirical Evidence from Ethiopia", *Food Policy*, 38, 82 - 91.

［74］Abedullah, K. S., M. Qaim, and B. Cotton, 2015, "Pesticide Use and Environmental Efficiency in Pakistan", *Journal of Agricultural Economics*, 66, 66 - 86.

[75] Agarwal, S., S. P. Yadav, and S. Singh, 2010, "DEA Based Estimation of the Technical Efficiency of State Transport Undertakings in India", *Opsearch*, 47, 216 - 230.

[76] Aigner, D., C. A. K. Lovell, and P.Schmidt, 1977, "Formulation and Estimation of Stochastic Frontier Production Function Models", *Journal of Econometrics*, 6, 21 - 37.

[77] Ajzen, I., 1985, "From Intentions to Actions: A Theory of Planned Behavior", In J. Kuhl and J. Beckman (Eds.), *Action - Control: From Cognition to Behavior*, 11 - 39, Heidelberg: Springer.

[78] Ajzen, I., 2002, "Perceived Behavioral Control, Self-efficacy, Locus of Control, and the Theory of Planned Behavior", *Journal of Applied Social Psychology*, 32, 665 - 683.

[79] Alexander M., and D. Young, 1996b, "Strategic Outsourcing", *Long Range Planning*, 29, 116 - 119.

[80] Alexander, E. R. A., 2001, "Transaction-Cost Theory of Land Use Planning and Development Control: Towards the Institutional Analysis of Public Planning", *The Town Planning Review*, 72, 45 - 75.

[81] Alexander, M., and D. Young, 1996a, "Outsourcing: Where's the Value? ", *Long Range Planning*, 29, 728 - 730.

[82] Aubert, B. A., R., S.ivard, and M. Patry, 1996, "A Transaction Cost Approach to Outsourcing Behavior: Some Empirical Evidence", *Information Management*, 30, 51 - 64.

[83] Banerjee, A., D.Mookherjee, K. Munshi, and D. Ray, 2001, "Inequality, Control Rights, and Rent Seeking: Sugar Cooperatives in Maharashtra", *Journal of Political Economy*, 109, 138 - 190.

[84] Banerjee, A., R. Hanna, J. C. Kyle, B. A. Olken, and S. Sumarto,

2019, "Private Outsourcing and Competition: Subsidized Food Distribution in Indonesia", *Journal of Political Economy*, 1.

[85] Barthélemy, J. 2003, "The Seven Deadly Sins of Outsourcing", *Academy of Management Perspectives*, 17, 87 – 98.

[86] Bassey, N. E., A.Kuhn, and H. Storm, 2018, "Are Maize Marketers Averse to Quality Loss in Supplies? A Case Study from Ghana", *Agricultural Economics*, 49, 649 – 658.

[87] Battese, G. E., and T. J. Coelli, 1995, " A Model for Technical Inefficiency Effects in A Stochastic Frontier Production Function for Panel Data", *Empirical Economics*, 20, 325 – 332.

[88] Bensaou, M., and E. Anderson, 1999, "Buyer-Supplier Relations in Industrial Markets: When Do Buyers Risk Making Idiosyncratic Investments?", *Organization Science*, 10, 460 – 481.

[89] Besanko, and David, 1996, *The Economics of Strategy*, John Wiley.

[90] Binam, J. N., J. Tonyè, N. Wandji, G. Nyambi, and M. Akoa, 2004, "Factors Affecting the Technical Efficiency Among Smallholder Farmers in the Slash and Burn Agriculture Zone of Cameroon", *Food Policy*, 29, 531 – 545.

[91] Bizimana, C., W. L. Nieuwoudt, and S. R. Ferrer, 2004, "Farm Size, Land Fragmentation and Economic Efficiency in Southern Rwanda", *Agrekon*, 43, 244 – 262.

[92] Buitelaar, E., 2007, *The Cost of Land Use Decisions: Applying Transaction Cost Economics to Planning Development*, Oxford: Blackwell Publishing Ltd, .

[93] Cai, R., W. L. Ma, and Y. Su, 2016, "Effects of Member Size and Selective Incentives of Agricultural Cooperatives on Product Quali-

ty", *British Food Journal*, 118, 858 – 870.

[94] Caudill, S. B., and J. M. Ford, 1993, "Biases in Frontier Estimation Due to Heteroscedasticity", *Economics Letters*, 41, 17 – 20.

[95] Cavatassi, R., M. González-flores, P. Winters, J. Andrade-Piedra, P. Espinosa, and G. Thiele, 2011, "Linking Smallholders to the New Agricultural Economy: The Case of the Plataformas de Concertación in Ecuador", *The Journal of Development Studies*, 47, 1545 – 1573.

[96] Coase R. H., 1937, "The Nature of the Firm", *Economica*, 4, 386 – 405.

[97] Coase, R. H., 1937, "The Nature of the Firm", *Economica*, 4, 386 – 405.

[98] Dahlman C. J., 1979, "The Problem of Externality", *Journal of Law Economics*, 22, 141 – 162.

[99] Diamond, A., and J. S. Sekhon, 2013, "Genetic Matching for Estimating Causal Effects: A General Multivariate Matching Method for Achieving Balance in Observational Studies", *The Review of Economics and Statistics*, 95, 932 – 945.

[100] Dixit, A., 1998, *The Making of Economic Policy: A Transaction-Cost Politics Perspective*, The MIT Press.

[101] Drivas, K., and K. Giannakas, 2010, "The Effect of Cooperatives on Quality-enhancing Innovation", *Journal of Agricultural Economics*, 61, 295 – 317.

[102] Dyer, J. H., 2015, "Effective Interfirm Collaboration: How Firms Minimize Transaction Costs and Maximize Transaction Value", *Strategic Management Journal*, 18, 535 – 556.

[103] Ellis, F., 1988, *Peasant Economics: Farm Households and*

Agrarian Development, Cambridge University Press.

[104] Ellram, L., and C. Billington, 2001, "Purchasing Leverage Considerations in the Outsourcing Decision", *European Journal of Purchasing and Supply Management*, 7, 15-27.

[105] Fałkowski, J., D. Curzi, and A. Olper, 2018, "Contracting Institutions, Agro-food Trade and Product Quality", *Journal of Agricultural Economics*, 10.

[106] Feng, S., 2008, "Land Rental, Off-farm Employment and Technical Efficiency of Farm Households in Jiangxi Province, China", *NJAS-Wageningen Journal of Life Sciences*, 55, 363-378.

[107] Fernándezolmos, M., J. Rosellmartínez, and M. A. Espitiaescuer, 2009, "Vertical Integration in the Wine Industry: A Transaction Costs Analysis on the Rioja DOCa", *Agribusiness*, 25, 231-250.

[108] Ferrantino, M. J., G. D. Ferrier, and C. B. Linvill, 1995, "Organizational Form and Efficiency: Evidence from Indian Sugar Manufacturing", *Journal of Comparative Economics*, 21, 29-53.

[109] Fishbein, M., and I. Ajzen, 1975. *Belief, Attitude, Intention and Behavior: An Introduction to Theory and Research*, Reading, MA: Addison-Wesley.

[110] Foss, N. J., and T. Pedersen, 2002, "Transferring Knowledge in MNCs: The Role of Sources of Subsidiary Knowledge and Organizational Context", *Journal of International Management*, 8, 49-67.

[111] Fried, H. O. C. K., Lovell, S. S. Schmidt, and S. S. Schmidt, 2008, *The Measurement of Productive Efficiency and Productivity Growth*, Oxford University Press.

[112] Gianessi, L. P., and N. Reigner, 2005, "Value of Fungicides in

U.S. Crop Production", *Weed Technology*, 21, 559 – 566.

[113] Gillespie, J., R.Nehring, C. Sandretto, and C. Hallahan, 2016, "Forage Outsourcing in the Dairy Sector: The Extent of Use and Impact on Farm Profitability", *Agricultural and Resource Economics Review*, 39, 399 – 414.

[114] González-Flores, M., B.E. Bravo-Ureta, D. Solís, and P. 2014, "Winters The Impact of High Value Markets on Smallholder Productivity in the Ecuadorean Sierra: A Stochastic Production Frontier Approach Correcting for Selectivity Bias", *Food Policy*, 44, 237 – 247.

[115] Grant, R. M., 1996, "Toward A Knowledge-based Theory of the Firm", *Strategic Management Journal*, 17, 109 – 122.

[116] Grashuis, J., and Y. Su, 2019, "A Review of the Empirical Literature on Farmer Cooperatives: Performance, Ownership and Governance, Finance, and Member Attitude", *Annals of Public and Cooperative Economics*, 90, 77 – 102.

[117] Greenfield, H. I., 1966, "Manpower and the Growth of Producer Services", *Economic Development*, 163.

[118] Grossman, G. M., and E. Rossi-Hansberg, 2008, "Trading Tasks: A Simple Theory of Offshoring", *American Economic Review*, *98*, 1978 – 1997.

[119] Gustavo, M. de O., and Z. Decio, 2017, "Determinants of Outsourcing Contracts", in Agricultural Mechanization Services: the Brazilian Coffee Agribusiness Case, 378 – 391.

[120] Hansen, J. C., 2002, " The Role of Trust in Organizational Commitment", *Journal of Organizational Behavior*, 23, 123 – 142.

[121] Hao, J., J. Bijman, C. Gardebroek, N. Heerink, W. Heijman,

and X. Huo, 2018, "Cooperative Membership and Farmers' Choice of Marketing Channels—Evidence from Apple Farmers in Shaanxi and Shandong Provinces, China", *Food Policy*, 74, 53 – 64.

[122] Hatonen, J., and T. Eriksson, 2009, "30+years of Research and Practice of Outsourcing—Exploring the Past and Anticipating the Future", *Journal of International Management*, 15, 142 – 155.

[123] Helfand, S. M., and E. S. Levine, 2004, "Farm Size and the Determinants of Productive Efficiency in the Brazilian Center-West", *Agricultural Economics*, 31, 241 – 249.

[124] Hennessy, T., and K. Heanue, 2012, "Quantifying the Effect of Discussion Group Membership on Technology Adoption and Farm Profit on Dairy Farms", *The Journal of Agricultural Education and Extension*, 18, 41 – 54.

[125] Hoken, H., and Q. Su, 2018, "Measuring the Effect of Agricultural Cooperatives on Household Income: Case Study of a Rice-producing Cooperative in China", *Agribusiness*, 34, 831 – 846.

[126] Hu, T. W., Z. Mao, M. Ong, E. Tong, M. Tao, H. Jiang, K. Hammond, K. R. Smith, J. de Beyer, and A. Yurekli, 2006, "China at the Crossroads: the Economics of Tobacco and Health", *Tobacco Control*, 15, 7 – 41.

[127] Huang, P. C. C., 1985, *The Peasant Economy and Social Change in North China*. Stanford University Press.

[128] Igata, M., A. Hendriksen, and W. Heijman, 2008, " Agricultural Outsourcing: A Comparison between the Netherlands and Japan", *Applied Studies in Agribusiness and Commerce*, 2, 29 – 33.

[129] Ito, J., Z. Bao, and Q. Su, 2012, "Distributional Effects of Agricultural Cooperatives in China: Exclusion of Smallholders and Po-

tential Gains on Participation", *Food Policy*, 37, 700 - 709.

[130] Ji, C., Guo H., Jin S., and J. Yang, 2017, "Outsourcing Agricultural Production: Evidence from Rice Farmers in Zhejiang Province", *PLoS One*, 12, e0170861.

[131] Jimu, L. M., 2012, "Impacts of Outsourcing Forestry Operations in the Hyperinflationary Economic Environment of Zimbabwe", *African Journal of Agricultural Research*, 7, 107 - 114.

[132] Jondrow, J., C. A. K. Lovell, I. S. Materov, and P. Schmidt, 1982, "On the Estimation of Technical Inefficiency in the Stochastic Frontier Production Function Model", *Journal of Econometrics*, 19, 233 - 238.

[133] Kruseman, G., and J. Bade, 1998, "Agrarian Policies for Sustainable Land Use: Bio-economic Modelling to Assess the Effectiveness of Policy Instruments", *Agricultural Systems*, 58, 465 - 481.

[134] Kumar, A., S. Saroj, and P. K. Joshi, 2018, "Takeshima H. Does Cooperative Membership Improve Household Welfare? Evidence from A Panel Data Analysis of Smallholder Dairy Farmers in Bihar, India", *Food Policy*, 75 24 - 36.

[135] Laios, L., and S. Moschuris, 1999, "An Empirical Investigation of Outsourcing Decisions", *The Journal of Supply Chain Management*, 35, 33 - 41.

[136] Larsén, K., 2010, "Effects of Machinery-sharing Arrangements on Farm Efficiency: Evidence from Sweden", *Agricultural Economics*, 41, 497 - 506.

[137] Li, L., H. Guo, J. Bijman, and N. Heerink, 2018, "The Influence of Uncertainty on the Choice of Business Relationships: The Case

of Vegetable Farmers in China", *Agribusiness*, 34, 597 – 615.

[138] Lin, J., Z. Zhang, and L. Lv, 2019, "The Impact of Program Participation on Rural Household Income: Evidence from China's Whole Village Poverty Alleviation Program", *Sustainability*, 11, 1545.

[139] Liu, Z., J. Rommel, and S. Feng, 2018, "Does It Pay to Participate in Decision-Making? Survey Evidence on Land Co-management in Jiangsu Province, China", *Ecological Economics*, 143, 199 – 209.

[140] Liu, Z., J. Rommel, S. Feng, and M. Hanisch, 2017, "Can Land Transfer through Land Cooperatives Foster Off-farm Employment in China?", *China Economic Review*, 45, 35 – 44.

[141] Lybbert, T. J., N. Magnan, D. J. Spielman, A. K. Bhargava, and K. Gulati, 2018, "Targeting Technology to Increase Smallholder Profits and Conserve Resources: Experimental Provision of Laser Land-Leveling Services to Indian Farmers", *Economic Development and Cultural Change*, 66, 265 – 306.

[142] Ma, W. L., A. Abdulai, and R. Goetz, 2018a, "Agricultural Cooperatives and Investment in Organic Soil Amendments and Chemical Fertilizer in China", *American Journal of Agricultural Economics*, 100, 502 – 520.

[143] Ma, W. L., A. Renwick, P. Yuan, and N. Ratna, 2018b, "Agricultural Cooperative Membership and Technical Efficiency of Apple Farmers in China: An analysis Accounting for Selectivity bias", *Food Policy*, 81, 122 – 132.

[144] Ma, W. L., and A. Abdulai, 2017, "The Economic Impacts of Agricultural Cooperatives on Smallholder Farmers in Rural Chi-

na", *Agribusiness*, 33, 537 - 551.

[145] Ma, X. L., N. Heerink, S. Y. Feng, and X. P. Shi, 2017, "Land Tenure Security and Technical Efficiency: New Insights from A Case Study in Northwest China", *Environment and Development Economics*, 22, 305 - 327.

[146] Marshall, J. N., P. Damesick, and P. Wood, 1987, "Understanding the Location and Role of Producer Services in the United Kingdom", *Environment Planning A*, 19, 575 - 595.

[147] Mcfetridge, D. G., 2010, "The Economics of Vertical Integration", *Canadian Journal of Agricultural Economics/revue Canadienne Dagroeconomie*, 42, 525 - 531.

[148] Mcmillan, J., J. Whalley, and L. Zhu, 1989, "The Impact of China's Economic Reforms on Agricultural Productivity Growth", *Journal of Political Economy*, 97, 781 - 807.

[149] Michalek, J., P. Ciaian, and J. Pokrivcak, 2018, "The Impact of Producer Organizations on Farm Performance: The Case Dtudy of Large Farms from Slovakia", *Food Policy*, 75, 80 - 92.

[150] Mojo, D., C. Fischer, and T. Degefa, 2017, "The Determinants and Economic Impacts of Membership in Coffee Farmer Cooperatives: Recent Evidence from Rural Ethiopia", *Journal of Rural Studies*, 50, 84 - 94.

[151] Mujawamariya, G., M. D'Haese, and S. Speelman, 2013, "Exploring Double Side-Selling in Cooperatives, Case Dtudy of Four Coffee Cooperatives in Rwanda", *Food Policy*, 39, 72 - 83.

[152] Myers, D. A., 2005, "Review of Construction Companies' Attitudes to Sustainability", *Construction Management Economics*, 23, 781 - 785.

[153] Pennerstorfer, D., and C. R. Weiss, 2013, "Product Quality in the Agri-food Chain: Do Cooperatives Offer High-Quality Wine? ", *European Review of Agricultural Economics*, 4, 143 – 162.

[154] Picazo-Tadeo, A. J., and E. Reig-Martínez, 2006, "Outsourcing and Efficiency: the Case of Spanish Citrus Farming", *Agricultural Economics*, 35, 213 – 222.

[155] Popkin, S., 1979, *The Rational Peasant: The Political Economy of Peasant Society in Vietnam*, Berkeley: University of California Press.

[156] Prahalad, C. K., and G. Hamel, 1990, "The Core Competence of the Corporation", *Harvard Business Review*, 68, 275 – 292.

[157] Rajkumar, P., 2010, "Food Mileage: An Indicator of Evolution of Agricultural Outsourcing", *Journal of Technology Management Innovation*, 5, 37 – 46.

[158] Rama, R., and A. Holl, 2013, *Handbook of Economic Organization Integrating Economic and Organization Theory*, *Subcontracting Relationships*, Place Published.

[159] Rao, F., M. Spoor, X. Ma, and X. Shi, 2017, "Perceived Land Tenure Security in Rural Xinjiang, China: The Role of Official Land Documents and Trust", *China Economic Review*, 3.

[160] Roll, K. H., 2019, "Moral Hazard: the Effect of Insurance on Risk and Efficiency", *Agricultural Economics*, 50, 367 – 375.

[161] Roumasset, J. A., 1976, "Rice and Risk: Decision-making Among Low-income Farmers", *Economic Journal*, (87).

[162] Sang, Y. H., and S. J. Bae, 2014, "Internalization of RD Outsourcing: An Empirical Study", *International Journal of Production Economics*, 150, 58 – 73.

[163] Schultz, T. W., 1964, *Transforming Traditional Agriculture*, New Haven and London: Yale University Press. DOI: 10.1017/S0770451800018042.

[164] Simon, J. L., 1988, *The Ultimate Resource*, Princeton University Press.

[165] Stallman, H. R., and H. S. James, 2017, "Farmers' Willingness to Cooperate in Ecosystem Service Provision: Does Trust Matter?", *Annals of Public and Cooperative Economics*, 88, 5-31.

[166] Sun, D., M. Rickaille, and Z. Xu, 2018, "Determinants and Impacts of Outsourcing Pest and Disease Management: Evidence from China's Rice Production", *China Agricultural Economic Review*, 10, 443-461.

[167] Tan, S., 2005, *Land Fragmentation and Rice Production: A Case Study of Small Farms in Jiangxi Province, PR China*, Wageningen University.

[168] Verhaegen, I., and G. Van Huylenbroeck, 2001, "Costs and Benefits for Farmers Participating in Innovative Marketing Channels for Quality Food Products", *Journal of Rural Studies*, 17, 443-456.

[169] Verhofstadt, E., and M. Maertens, 2014, "Smallholder Cooperatives and Agricultural Performance in Rwanda: Do Organizational Differences Matter? ", *Agricultural Economics*, 45, 39-52.

[170] Vernimmen, T., W. Verbeke, and G. van Huylenbroeck, 2000, "Transaction Cost Analysis of Outsourcing Farm Administration by Belgian Farmers", *European Review of Agricultural Economics*, 27, 325-345.

[171] Wadud, A., and B. White, 2000, "Farm Household Efficiency in

Bangladesh: A Comparison of Stochastic Frontier and DEA Methods", *Applied Economics*, 32, 1665 - 1673.

[172] Wang, H. J., and P. Schmidt, 2002, "One-step and Two-step Estimation of the Effects of Exogenous Variables on Technical Efficiency Levels", *Journal of Productivity Analysis*, 18, 129 - 144.

[173] Williamson, O. E., 1975, *Markets and Hierarchies: Analysis and Antitrust Implications*, The Free Press.

[174] Williamson, O. E., 1979, "Transaction-cost Economics: the Governance of Contractual Relations", *The Journal of Law and Economics*, 22, 233 - 261.

[175] Williamson, O. E., 1991, "Comparative Economic Organization: The Analysis of Discrete Structural Alternatives. ", *Administrative Science Quarterly*, 36, 269 - 296.

[176] Williamson, O. E., 1996, *The Mechanisms of Governance*, New York: Oxford University Press.

[177] Williamson, O. E., 2007, *The Economic Institutions of Capitalism. Firms, Markets, Relational Contracting, Das Summa Summarum des Management*, Springer, Place Published, 61 - 75.

[178] Woldehanna, T., A. O. Lansink, and J. Peerlings, 2015, "Off-farm Work Decisions on Dutch Cash Crop Farms and the 1992 and Agenda 2000 CAP Reforms", *Agricultural Economics*, 22, 163 - 171.

[179] Wolf, C. A., 2003, "Custom Dairy Heifer Grower Industry Characteristics and Contract Terms", *Journal of Dairy Science*, 86, 3016 - 3022.

[180] Wollni, M., and E. Fischer, 2014, "Member Deliveries in Collective Marketing Relationships: Evidence from Coffee Cooperatives

in Costa Rica", *European Review of Agricultural Economics*, 42, 287 - 314.

[181] Wollni, M., and M. Zeller, 2007, "Do Farmers Benefit from Participating in Specialty Markets and Cooperatives? The Case of Coffee Marketing in Costa Rica", *Agricultural Economics*, 37, 243 - 248.

[182] Wooldridge, J. M., 2014, "Quasi-maximum Likelihood Estimation and Testing for Nonlinear Models with Endogenous Explanatory Variables", *Journal of Econometrics*, 182, 226 - 234.

[183] Wossen, T., T. Abdoulaye, A. Alene, M. G. Haile, S. Feleke, A. Olanrewaju, and V. Manyong, 2017, "Impacts of Extension Access and Cooperative Membership on Technology Adoption and Household Welfare", *Journal of Rural Studies*, 54, 223 - 233.

[184] Yang, J., H. Wang, and S. Jin, K.Chen, J. Riedinger, C. Peng, 2015, "Migration, Local Off-farm Employment, and Agricultural Production Efficiency: Evidence from China", *Journal of Productivity Analysis*, 45, 247 - 259.

[185] Zeller, M., 1998, "Market Access by Smallholder Farmers in Malawi: Implications for Technology Adoption, Agricultural Productivity and Crop Income", *Agricultural Economics*, 19, 219 - 229.

[186] Zhang, L., W. Su, T. Eriksson, and C. Liu, 2016, "How Off-farm Employment Affects Technical Efficiency of China's Farms: The Case of Jiangsu", *China World Economy*, 24, 37 - 51.

[187] Zhang, X., J.Yang, and R.Thomas, 2017, "Mechanization Outsourcing Clusters and Division of Labor in Chinese Agriculture", *China Economic Review*, 43, 184 - 195.

后　记

近年来,农业社会化服务已成为乡村振兴领域的热门话题。作为小农户和现代农业发展有机衔接的基本途径,农业社会化服务是推动中国式农业农村现代化的关键力量。党的二十届三中全会提出"健全便捷高效的农业社会化服务体系",为推动农业社会化服务高质量发展指明了方向。

2012年以来,我一直从事农业社会化服务的相关研究,从贫困地区新型农业经营主体的农业社会化服务到烟叶生产领域以合作社为主体的农业生产性服务,从合作社、家庭农场、规模经营户和农业企业,到聚焦于烟农的细分领域,从对乡村不熟悉到与农民朋友"打成一片",我不断地成长、进步和前行,同时也坚定了我深耕三农研究领域的决心。

本书深入全面细致地刻画了不同生产环节的烟农生产外包的具体特征及对农户技术效率和收入的影响。本书的研究基于烟叶生产这一特色产业,是对现阶段农业社会化服务助力小农户接轨现代农业的有力回应,较好地回答了"谁来种烟"这一烟叶生产领域面临的瓶颈问题,同时可为政府部门制定农业社会化服务的相关政策提供有效的实践启示和对策建议。

在本书即将付梓之际,我首先想对所有参与和支持本书写作的同仁表达我最深切的谢意。感谢导师张忠根教授、郭红东教授、金松青教授和刘子铭研究员等诸多专家的指导,感谢上海社科院各位领导和同仁的支持和帮助。感谢在写作过程中给予我灵感、启发和帮助的同学和朋友们。

其次,我要感谢我的家人,他们一直默默支持和鼓励我,对我的学术研究给予了无条件地支持和理解,他们是我能够完成这本书的底气和信心。

再次,我要感谢格致出版社的程倩和王浩淼编辑,他们以专业的眼光和细致的工作,帮助我打磨每一个章节、每一句话,使之更加完善。他们的建议和指导对我至关重要,让这本书得以以最佳状态呈现给读者。

此外,我要感谢国家社科基金、上海哲社办和上海社科院创新团队对这本书的支持。本书是国家社科基金重大项目"特色农业赋能农户增收长效机制构建研究"(21&ZD091)的成果之一,也是上海市哲学社会科学规划"研究阐释党的二十届三中全会精神"专项课题"新质生产力推动上海农业现代化建设的路径选择及对策研究"(2024VQH044)的成果之一。

最后,我要感谢每一位拿起这本书的读者,是你们让这一切变得有意义。愿这本书能帮助我们发现新知、启迪思考，并在学术和实践领域中找到新的解决方案。如果你们有任何问题或想要进一步交流，我非常欢迎。

林俊瑛

2024 年 11 月 1 日于上海社会科学院

图书在版编目(CIP)数据

农户生产外包的经济影响研究 ：以贵州烟叶生产为例 / 林俊瑛著. -- 上海 ：格致出版社 ：上海人民出版社，2024. -- ISBN 978-7-5432-3626-4

Ⅰ. F426.89

中国国家版本馆 CIP 数据核字第 2024ZG0048 号

责任编辑　王浩淼

装帧设计　路　静

农户生产外包的经济影响研究
——以贵州烟叶生产为例
林俊瑛 著

出　　版　格致出版社
　　　　　上海人民出版社
　　　　　(201101　上海市闵行区号景路 159 弄 C 座)
发　　行　上海人民出版社发行中心
印　　刷　商务印书馆上海印刷股份有限公司
开　　本　720×1000　1/16
印　　张　11.5
插　　页　2
字　　数　160,000
版　　次　2024 年 12 月第 1 版
印　　次　2024 年 12 月第 1 次印刷
ISBN 978 - 7 - 5432 - 3626 - 4/F・1603
定　　价　58.00 元